CLAIRE BUREL

EXPÉRIENCES EXTRAORDINAIRES DE L'INVISIBLE

Passages d'âmes, EMI, vies antérieures, médiumnité...

ÉDITIONS LANORE
François-Xavier Sorlot, éditeur
6, rue de Vaugirard | 75006 Paris

ISBN 9782382730652
fernand-lanore.com
contact@editionslanore.com

À tous ceux qui ont inspiré ces pages, par nos échanges ou par leurs expériences. Certains se reconnaîtront sans doute… même si tous les prénoms ont été changés.

Et notamment :

Maurice, Mes Parents, Lucile, Léon, Maya, Anselme, Mireille B., Dominique Vallée, Françoise Marien, Sandra M., Stéphane Allix, Marie-Dominique C., Bernadette M-C., Christophe C. , Florentin D., Emmanuelle D., Mélanie L., Estelle D., Christian B., Sandrine D., Antony, Michèle, Virginie F., Sabine P., Janet F., Corinne, Robert B., Marjorie F., Charlotte, Françoise L., Adeline F., Sandrine D S…

Et de nombreuses autres personnes, qui me pardonneront de ne les avoir pas citées.

Et à vous tous qui me lisez, puisque nous sommes tous reliés dans notre chemin spirituel !

PRÉAMBULE

J'ai rencontré Chiara il y a maintenant à peu près 10, 12 ans.

Venue d'Italie, elle avait obtenu de sa famille de passer l'été en France en échange de sa présence assidue sur les marchés pour vendre les articles de la fabrique de maroquinerie paternelle. J'étais tombée sous le charme d'un petit sac à main en cuir léger décoré de fleurs roses imprimées avec une finesse délicieuse. Une longue et fine bandoulière, un petit fermoir métallique, deux soufflets et un liseré vieux rose qui entourait le tout emportèrent ma décision. J'avais apprécié la façon discrète et généreuse qu'avait eu Chiara de mettre l'objet en valeur entre mes mains, et son léger accent ensoleillé quand elle parlait un français impeccable avec un sourire joyeux...

Un peu plus tard, nous nous étions reconnues, assises côte à côte pour le déjeuner sur une petite terrasse noyée de soleil entre deux parasols, où nous avons tant attendu nos plats que nous avons pris tout le temps de bavarder… La météo, le marché, son voyage en France, et le deal fait avec ses parents qui lui permettait d'être une touriste à mi-temps absolument convaincante… et puis petit à petit — *Et vous, c'est poisson aussi ? On dirait qu'ils l'ont envoyé pêcher exprès pour nous à la commande !* — nous avons abordé de plus près nos projets, nos rêves, comme deux jeunes femmes peuvent avoir envie de le faire sans aucun autre enjeu que de leur donner un peu de réalité, chacune pour elle-même.

À cette période de ma vie, j'étais libre comme l'air, enfin sortie d'un divorce compliqué, et Chiara, qui était plus jeune que moi, semblait être en train de construire sa destinée avec cœur. Nous avions tout le temps pour ce moment de dialogue, hors du temps finalement.

Son grand-père était français d'origine, et c'était à lui qu'elle devait de parler si bien français, seconde langue familiale entretenue avec soin d'une génération à l'autre comme un héritage précieux. Il était parti s'installer en Italie vers ses 30 ans pour y fonder l'entreprise familiale auprès d'une brune Chiara-Maria dont il était tombé amoureux. Et c'est là que nous avons découvert cette première coïncidence : avant cela, il avait vécu dans la même rue que mes grands-parents paternels, à Paris ! Ce rapprochement incroyable nous enhardissant, nous avons découvert ensuite que nos projets étaient les mêmes : Je m'apprêtais à faire une formation en Hypnose Ericksonnienne, ce que Chiara venait de terminer pour sa part ! Fortes de tous ces points d'appartenance qui nous rapprochaient, nous avons poursuivi nos échanges jusque tard dans l'après-midi, puis nous sommes revues plusieurs fois avant que je ne rentre en Normandie reprendre mon activité professionnelle – je travaillais dans l'informatique à l'époque, sous le joli nom de « La Fée Ordi, dépannages à domicile et formation pour adultes », après 20 ans d'enseignement, et en attendant de faire peut-être de l'hypnose mon métier de cœur…

Nous avons échangé nos 06, nos e-mails, et nos adresses. Tombée sous le charme de la région PACA, elle pensait s'installer pour pratiquer l'hypnothérapie en France, ainsi nous aurions l'occasion de nous revoir facilement.

Dans les mois et les années qui suivirent, nous avons eu de nombreuses occasions de partager nos expériences de thérapeute, au cours de coups de fils interminables et sympathiques. J'appris qu'elle s'était effectivement installée rapidement dans un petit village boisé du sud de la France, et que sa clientèle ne faiblissait pas. Puis nous nous sommes revues – chez elle – son côté méridional n'étant pas très friand de se déplacer au nord de la Loire, j'étais pour ma part ravie d'avoir un pied-à-terre dans une si belle région ensoleillée de France !

Et un jour, ses confidences se firent différentes. Sans doute avait-elle jugé que j'étais davantage prête à les entendre. Elle explorait des domaines qui m'étaient encore étrangers, que j'ai découverts grâce à elle. Elle m'a donné envie d'en savoir plus, et j'ai lu des dizaines et des dizaines d'ouvrages pour aborder ce qu'elle me disait avec une compréhension éclairée. Il était question de passage d'âmes, de preuves de vies antérieures, de présences de défunts au milieu des vivants, toutes sortes de choses plus incroyables les unes que les autres, qui me firent d'abord penser que le soleil tapait peut-être trop fort dans ce petit coin de sud en général et sur sa tête en particulier... Mais Chiara était sérieuse, et les détails qu'elle me donnait étaient de plus en plus précis ! Sans compter le jour où je vécus moi-même une de ces expériences qui m'obligea à la croire : je la raconte au premier chapitre.

Et puis un jour ça s'est décidé : Nous étions au coin du feu toutes les deux, en fin d'une journée d'hiver délicieuse et froide, songeuses, les yeux plongés dans les pommes de pin qu'elle avait ajoutées dans le foyer. En craquant, les pommes de pin délivraient une atmosphère un peu magique, laissant les bougies posées ici et là faire danser nos ombres sur le mur d'en face tandis que la lumière du jour tombait rapidement. Cette soirée était faite de paix, d'inspiration, — est-ce pour cela ? Je l'ai regardée et lui ai dit soudain :

— Chiara, pourquoi ne partagerais-tu pas tout ce que tu me racontes avec d'autres ? Pourquoi n'écris-tu pas toutes ces histoires vraies qui passionneraient tant de gens ? Tous les livres que j'ai lus sur le sujet intéressent beaucoup de monde, tu sais...

Chiara secoua la tête.

— Non, non, écrire c'est pas mon truc. Et j'aime bien rester discrète sur ce que je fais... Avec toi, c'est différent, mais crois-tu que tout le monde comprendrait ? Je sais qu'on a passé l'époque de faire brûler les sorcières... Quoi que... Mais bon...

Je la regardais avec un sentiment indéfinissable. Il est vrai que ses cheveux noirs aile-de-corbeau avaient tout de la chevelure des sorcières des livres que je lisais, enfant, sous la couette... Prise d'une inspiration subite, je lui proposais alors :

— Et... si je l'écris, moi, ce témoignage, en ton nom ? Ou bien sous forme d'entretiens ? J'aime tellement écrire... Tu serais partante ?

Stupéfaite, elle m'a regardée silencieusement, puis s'est levée pour rajouter une bûche dans l'âtre. Enfin, après un temps interminable, elle répondit clairement :

— Si tu veux. Mais tu changes mon nom, je te dirai tout, tous les détails de chacune de ces histoires, et tu m'autorises à relire tout et corriger comme je veux...

J'accédais à toutes ses demandes, pleine d'enthousiasme.

Et après un petit temps de silence joyeux, j'ajoutais :

— Et comment allons-nous t'appeler ?

Elle plissa le nez, perdue dans ses réflexions, dont elle émergea avec un sourire malicieux :

— Hum... Que dirais-tu de... Chiara, comme ma grand-mère... hum... Chiara Della Luna ? La Luna, la lune, comme symbole de l'invisible ?

— Ça fait un peu Au Clair de la Lune, non ?

Son rire joyeux résonna dans l'âtre

— Al chiaro della luna... Chiara Della Luna... Mi piace,... j'adore, dit-elle seulement.

— Va pour Chiara Della Luna, adoptai-je en lui présentant la main dans laquelle elle topa dans un éclat de rire, aussi excitée que moi, je crois bien, par cette perspective de travailler ensemble à cet ouvrage.

La suite, ce sont d'autres coups de fil interminables, des heures de récits, de copie, de remise en forme, de relectures, des mails à toutes les heures du jour et de la nuit, de fous-rires et de partages, d'émotions fortes et d'incrédulité, de découvertes et d'explorations... Puis l'enthousiasme de mon éditeur... et maintenant ces témoignages que vous avez en main.

Une véritable initiation vous attend au fil des pages, si vous le désirez. En répondant à tant de questions et en en soulevant d'autres, ces sujets vous amèneront sans doute, comme nous l'avons fait, à vous découvrir plus en profondeur, et donner un sens plus riche à votre vie.

Toutes les histoires sont rigoureusement exactes. Chiara m'en a raconté une grande partie. J'ai été moi-même témoin ou acteur de certaines d'entre elles ou d'autres relatées ici aussi. Quelques témoignages « extérieurs » ont pris place au fil du récit également.

Je me suis contentée, pour respecter la liberté et l'anonymat de chacun, de déplacer les lieux et changer les noms.

Pour vous permettre de vous repérer dans tous ces domaines peut-être nouveaux pour vous comme ils l'étaient pour moi au départ, j'ajoute une bibliographie des livres que j'ai lus pour accompagner les récits que me faisait Chiara, autour de ces sujets passionnants :

* les interactions entre défunts et vivants
* le passage d'âme
* l'au-delà
* la médiumnité
* les vies antérieures
* le karma

Et j'avoue que trouver ces sujets sous la plume d'auteurs crédibles et sérieux m'a permis d'aborder les récits de Chiara avec une certaine confiance.

Je vous recommande de vous faire votre propre opinion également, et de confronter nos récits à ce que ces auteurs cités en bibliographie (ou d'autres, à votre convenance) peuvent vous apporter comme supports.

Bien évidemment, vous pouvez également mettre de côté les passages qui vous dérangeraient, et émettre tous les doutes que vous voudrez : Ni Chiara ni moi n'en prendrons ombrage, c'est promis.

Vous pourrez alors lire ces pages comme des histoires fantastiques si le cœur vous en dit... Ce pourrait être une première approche tout à fait agréable.

AVANT-PROPOS
CE QUI EST INVISIBLE EXISTE-T-IL ?

Chiara et moi sommes d'accord sur un point essentiel : il y a de nombreuses façons de parler de « l'invisible ».

Sitôt le mot prononcé, la citation de Saint Exupéry se présente à l'esprit : « *On ne voit bien qu'avec le cœur. L'essentiel est invisible pour les yeux.* » Et nous voilà en train de parler d'un invisible qui se voit avec le cœur, ce qui est sans doute une excellente définition de ce qui vous attend au fil de ces pages.

Toutefois, l'invisible est beaucoup plus présent que cela, et nous y sommes tous confrontés dans notre vie quotidienne sans que cela ne pose question à quiconque. Comment est-ce possible ?

L'invisible est ce qui *ne se voit pas*. Mais pour quelle raison cela ne se voit-il pas ?

Parfois, nous ne voyons pas, simplement, par manque d'attention. Votre conjoint vous a laissé un post-it sur le frigo et vous ne l'avez pas vu, loupant par la même occasion le rendez-vous qui y était noté.

Cela fait-il de ce post-it « quelque chose d'invisible » ? Nous sommes bien d'accord que non.

Parfois, nous voulons vraiment voir et ne voyons pourtant pas ce qui est sous nos yeux. Cherchant une gomme sur un bureau et ne la trouvant pas, alors qu'elle est vraiment là, en plein milieu de votre champ de vision – une âme charitable et moqueuse vous la montre, elle « saute aux yeux », et vous ne comprenez même pas comment vous ne l'aviez pas vue. N'est-ce pas ? Alors est-elle invisible cette gomme ? Sans doute pas non plus.

Parfois, nous ne voyons plus ce à quoi nous sommes habitués. Au point de ne pas remarquer que notre meilleure amie arbore une nouvelle coiffure. Nous sommes si habitués à la voir, nous la regardons « globalement » sans la détailler. C'est le drame de bien des épouses qui ne reçoivent pas le compliment attendu de leur mari sur leur nouvelle coupe de cheveux... Cette coiffure est-elle invisible pour autant ? Non, à l'évidence, petite note de frais à l'appui...

Parfois, nous voulons voir pour être sûr de ce qui est là. Comme le fameux Saint Thomas auquel Jésus fit mettre ses mains sur ses blessures de crucifixion, pour qu'il atteste bien que oui, c'est bien lui qui est revenu après son trépas. Saint Thomas a ouvert la voie à tous ceux qui veulent voir pour croire, et qui pensent que la vue est la meilleure ou la seule façon d'être certain de ce qui existe. Alors comment feraient les aveugles, si n'existe pour nous que ce que nous voyons ? me direz-vous. Eh bien je me le demande aussi.

Parfois, la gomme que vous cherchez a été empruntée et pas rendue, le post-it s'est décollé, et alors vous ne les voyez vraiment pas. Sujet de dispute potentielle, il devient évident qu'ils existent pourtant vraiment. Ils sont juste absents : une excellente raison de ne pas être visible.

En fait, ce que ces exemples nous disent, c'est qu'il y aurait deux façons d'être « invisible » : être présent, mais non décelé par l'oeil, ou être absent physiquement.

On pourrait évoquer la face cachée de la lune, qui n'est pas disponible à notre regard, mais dont nous savons qu'elle existe. Tout comme l'Australie : je ne l'ai jamais vue, mais je sais qu'elle existe... De même nous pouvons élargir cette proposition à tout ce qui est actuellement caché hors de notre vue. Le contenu des placards fermés, la maison du voisin et ce qu'il y fait, le contenu du cadeau d'anniversaire que vous venez de recevoir et pas encore ouvert... Ils sont cachés, mais ils existent bel et bien et peuvent passer d'invisibles à visibles selon l'angle de vision.

L'autre piste, c'est l'absence physique, et elle peut s'avérer surprenante à observer.

Car enfin, il y a un grand nombre de choses qui existent sans aucun doute pour personne, alors qu'elles sont réellement invisibles pour tout le monde !

Le vent, que vous sentez sur votre visage, qui fait bouger les branches des arbres, et bouscule votre brushing en faisant s'envoler votre foulard... Le vent ! Le vent est invisible : Vous ne pouvez en voir que les effets, parfois terrifiants, mais pas le vent qui les provoque.

Les parfums, que vous respirez goulûment sitôt qu'il s'agit d'une fragrance gourmande dans la cuisine, ou qui vous enivre dans le cou de votre amoureux (se)... sans oublier évidemment l'odeur nauséabonde de la poubelle qui a traîné un peu trop avant le ramassage, : il n'y a rien à voir, on ne regarde pas une senteur. Mais on la sent si bien, n'est-ce pas : elle existe, tout en étant invisible.

Et lorsque vous avez les yeux rivés sur l'écran de la télé, lorsque le téléphone sonne et que vous répondez, lorsque vous surfez sur le web en wifi... Par où donc passent les ondes, les voyez-vous ? Non. Existent-elles ? J'imagine, oui, étant donné comme nous comptons tous sur ces ondes hertziennes, wifi, 4G et autres... Qui sont véritablement invisibles pourtant !

Oui, nous sommes entourés d'éléments qu'il nous semble naturel de ne pas voir tout en reconnaissant leur existence.

Alors lorsqu'on parle d'énergie, et qu'on peut observer ce discret liseré de lumière grise qui entoure la tête de ceux qui nous font face (selon les conditions d'éclairage), on peut le nommer Corps Éthérique. J'ai eu un jour les yeux émerveillés, dans une station de métro parisienne, d'observer l'intégralité du corps éthérique des personnes qui marchaient sur le quai d'en face. Cela faisait autour d'eux un liseré brillant incroyable de luminosité qui m'a absorbée dans une contemplation jubilatoire. On aurait dit ces figurines des magazines pour enfant qu'une marge blanche bordée d'un trait pointillé entoure pour inviter au découpage...

Tout le monde peut voir aussi ces minuscules points de lumière « voler » en tous sens dans l'air lorsque le soleil brille (meilleures conditions d'observation), qui portent le nom de « *prana* ». Invisibles et visibles à la fois...

Alors pourquoi certains d'entre nous n'auraient-ils pas la capacité de voir encore davantage, voir d'autres éléments subtils qui nous entourent discrètement, en nous assurant, à nous qui ne les voyons pas, que tout cela existe bel et bien ? À défaut de le voir, pourquoi ne pas les croire s'ils nous disent qu'ils entendent l'invisible leur parler ?

Tout comme nous pouvons assurer à nos proches aveugles que ce qu'ils ne voient pas du fait de leur handicap fait partie de notre paysage.

Tout comme cette citation de Nietzsche disant « *ils dansaient et furent traités de fous par ceux qui n'entendaient pas la musique* », nous pouvons affirmer avec force que nos sens ne sont pas infaillibles ni omnipotents.

Alors visible, invisible... Sans doute n'est-ce pas ce sur quoi il nous faudrait attarder notre questionnement, finalement ? Tout cela semble pouvoir exister sans que nos sens en soient le garant...

Je vous laisse donc découvrir nos expériences extraordinaires.

Peu importe qu'il s'agisse de l'invisible.

PASSAGE D'ÂMES ET ÂMES ERRANTES

« Il y a des choses qu'il faut voir pour les croire, et d'autres qu'il faut croire pour les voir. »
Dictionnaire Universel, 1800.

La première fois que Chiara m'a parlé de « passage d'âmes », je reconnais, je n'ai pas compris de quoi elle me parlait. Il semblait être question de personnes défuntes qui avaient besoin d'être guidées « vers la Lumière »...

— Ça fait super *New Age*, ton truc, tes histoires de macchabées et de Lumière, et tout... T'es sérieuse là ? ai-je provoqué mon amie, un peu sceptique.

— *Pensi che io sia una strega ?* Tu me prends pour une sorcière ? demanda-t-elle vigoureusement en secouant ses cheveux qui m'y faisaient penser sérieusement. Je ne te demande pas de me croire, tu sais, je te raconte, c'est tout, ajouta-t-elle, à peine sur la défensive.

J'ai découvert que lorsqu'elle se sentait émue, Chiara parlait d'abord en italien, qu'elle traduisait en français ensuite, sans doute rappelée à l'ordre par mon air ahuri.

— Alors je peux t'en parler, ou non ? insista-t-elle.

— Vas-y, tu en meurs d'envie ! dis-je avec un demi-sourire, en me rasseyant confortablement.

PASSAGE D'ÂMES

— Voilà. C'est une personne que j'ai vue la semaine dernière à l'Ufficio *(elle appelait de cette façon le joli petit bureau qu'elle s'était installé dans la grange restaurée qui jouxtait sa maison, et où elle recevait ses patients).* Il s'agissait d'une femme d'un certain âge, qui se plaignait d'une très grande fatigue, de ressentir des courants d'air autour d'elle bien que les fenêtres soient fermées chez elle, et une insomnie terrible, tout ça arrivé en même temps depuis un mois.

— Bon. Et… ? l'incitai-je à continuer avec beaucoup de distanciation.

— Je ne t'ai jamais dit, je crois… voilà, je… je sais ressentir la présence des défunts. Ma grand-mère avait des dons de double-vue, et on a tous quelque chose comme ça dans la famille.

— Ah bon ??? Mais tu ne m'en avais jamais parlé !! Alors en fait, tu es vraiment un peu une sorcière, du coup. Il faudra que tu m'en dises plus… ! lui reprochais-je déjà.

— Bon, on verra. Là, lorsque j'ai vu cette dame, je savais ce qu'elle avait, parce que je le vois. Pas avec mes vrais yeux, mais tout comme, en fait. Je ne sais pas t'expliquer. Elle était entourée de 4 défunts, voilà.

Je roulais des yeux agrandis par la surprise.

— Tu VOIS quoi ?... Mais,... comment c'est possible ? ! Tu vois des... fantômes ?

Patiente comme une maîtresse d'école, Chiara prit le temps de m'expliquer :

— Tu sais, les défunts, c'est juste une énergie différente. Même si l'énergie, on croit que ça ne se voit pas, moi, je sais la ressentir ou la voir, comme tu veux. Ça s'apprend ! justifia-t-elle en voyant mes yeux éberlués. Je t'apprendrai ! Quant aux défunts, parfois, ils ne savent pas ce qu'ils sont censés devenir. Il y a plusieurs raisons pour ça, peu importe, et on en retrouve qui traînent au milieu de nous... et moi, je suis sensible à l'énergie, et je les vois ou je les devine, comme tu veux.

Elle me laissa le temps de digérer l'info, et je me pris à regarder tout autour de nous dans la pièce.

Elle intercepta mon regard circulaire et éclata de rire :

— Tu devrais voir ta tête ! me dit-elle... Mais non, y en a pas, ici. Ne t'inquiète pas !

Je respirai plus librement, elle continua d'une voix douce et bienveillante.

— Ces défunts ont juste besoin qu'on les guide pour qu'ils partent, c'est tout. Mais ils ne le savent pas, c'est surtout ça le problème.

Je fronçais les sourcils.

— Comment ça, ils ne le savent pas ? Je ne comprends rien à ce que tu me racontes, Chiara.

Croyant être drôle, j'ajoutai :

— Donc : Des gens qu'on a pris la peine d'enterrer parce qu'ils sont morts, alors qu'ils ne savent pas qu'ils sont morts, ne savent pas non plus qu'ils sont censés aller quelque part dont ils n'imaginent même pas que ça existe... et ils encombrent les vieilles dames qui viennent te voir à ton Office et toi, tu vois tout ça, et tu leur sors le plan du quartier, et zou, métro machin, vous descendez là et vous y êtes, station Paradis-Au-Delà, bon voyage, à la revoyure ?...

— Eh bien, tu vois que tu as tout compris ? ! me dit-elle avec un sourire.

— Eh, stop ! J'ai rien compris du tout, d'accord ? Recommence, et sois précise s'il te plaît.

Je me rasseyais, pliant les genoux, les pieds sous les fesses, tenant un coussin serré entre mes bras, prête à une longue histoire comme Chiara en avait parfois le secret. Je m'apercevais confusément que je n'étais pas encore prête à décider si ce que j'allais entendre serait vrai ou pas.

— Bon. Je reprends du début.

— Je t'en prie. Merci.

— Voilà. Mourir, c'est pas grand-chose.

Un « Cool ! » m'échappa, avec un demi-sourire.

— Bon, tu me laisses t'expliquer ou pas ? s'impatienta-t-elle.

Je compris à ce moment-là que j'appréhendais un peu ce que j'allais entendre. Je pris une grande respiration, et l'enjoignis de continuer : je ne l'interromprai pas.

— Parfois, tellement la mort c'est peu de chose, les morts ne savent même pas qu'ils sont morts ! Il y a plusieurs raisons possibles à cela, mais peu importe pour l'instant. Dans ce cas-là, ils errent sans but, se demandant pourquoi on ne leur adresse pas la parole, nous les vivants, et ne savent pas où aller. C'est un problème en soi, pour eux, car ils sont malheureux d'être ignorés, et ils ne sont surtout pas à leur place. Mais le second problème vient de ce qu'en mourant, ils perdent accès à leur énergie humaine, celle que nous entretenons en mangeant, en respirant, etc. Et donc, pour continuer à errer sur la planète Terre, ils ont besoin de prendre l'énergie là où elle est... C'est-à-dire la nôtre. Et de ce fait, ils nous pompent notre énergie, et nous sommes épuisés sans rien faire, pour peu que nous en hébergions plusieurs... comme la petite madame Roumègue que j'ai vue l'autre jour *al mio Ufficio*.

Chiara se leva pour remuer les bûches avec le tisonnier, le temps que j'intègre ce qu'elle venait déjà de dire. Je me taisais. Je ne savais pas si je pouvais prendre ça au sérieux ou pas, ça me dérangeait grandement, malgré toute la confiance que j'avais en mon amie. Elle était quand même italienne, et les italiens sont connus pour leurs dons d'imagination verbale... Hum... Je l'écoutais comme j'aimais écouter ma grand-mère me racontant des histoires de la sorcière Baba-Yaga qui jetait son peigne derrière elle pour faire pousser une forêt et ralentir ceux qui la poursuivaient (ce qui, à ma connaissance, est pure imagination).

Elle se rassit, me regarda et dut considérer que j'étais disponible pour la suite. Elle continua.

— Alors la grande fatigue de cette dame, avec 4 défunts en train de vider son énergie, c'est tout sauf étonnant. Et ces courants d'air quand les fenêtres sont fermées, c'est eux aussi : ils ont une énergie froide, et on peut le ressentir, dès qu'on est un peu sensible...

Je frissonnais à cette idée, sans pouvoir m'empêcher de jeter à nouveau un coup d'œil autour de moi, que Chiara ignora en continuant sur sa lancée :

— Quant aux insomnies, c'est plutôt amusant, en fait : les défunts n'ont pas besoin de dormir, et par conséquent, ils ne voient pas l'utilité du sommeil de celui ou celle dont ils prennent l'énergie. Ils vivent à travers ses émotions, et préféraient qu'elle aille manger de bons petits plats, danser en bonne compagnie, s'envoyer en l'air, ou quoi que ce soit d'autre qui génère chez elle une émotion intéressante, car c'est comme cela qu'ils se sentent vivre...

— Tu es en train de me dire qu'ils peuvent aussi influencer notre vie quotidienne ? Mais c'est juste horrible ? !

— Ils peuvent influencer notre vie quotidienne *dans une certaine mesure*. Et notre humeur, surtout, je dirais. Je te raconterai d'autres histoires à ce sujet.

Je mourais d'envie de les entendre, là, tout de suite, j'ai toujours été curieuse. Et en même temps, ça faisait beaucoup à la fois...

— Oui, une autre fois, acquiesçai-je. Et alors, ta vieille dame ?

— Eh bien je l'ai débarrassée de ses 4 âmes errantes et zou, c'est reparti comme avant.

— C'est aussi simple que ça ?

— Oui. Ça s'appelle faire du « passage d'âmes ». Tu pourrais le faire aussi, tu sais, c'est facile et accessible à tout le monde... En plus, tu es hypnothérapeute, toi aussi...

— Hum... je ne les vois pas, moi, les « fantômes ». J'aurais l'impression de faire du grand n'importe quoi en brassant du vent. Ça n'est pas pour moi, ton truc. Et je ne vois pas le rapport avec l'hypnose. Tu les hypnotises, tes défunts ?! me moquais-je.

— Je t'expliquerai, promit-elle, sous-entendant simplement que c'était assez pour ce soir.

Les braises rougeoyaient en craquant avec un son cristallin, Chiara remit une bûche pour la nuit, et nous allâmes nous coucher. Le lendemain, nous allions visiter « un vieux cimetière romantique où reposaient quelques personnalités des temps passés qui valaient le détour, puis un site archéologique classé », me dit-elle en guise d'appât.

— Pourquoi pas ?! J'allais pouvoir m'endormir en pensant, de préférence, à ces visites du lendemain.

La suite à ce préambule, parce qu'il y en eut une, arriva simplement 1 mois plus tard, au tout début du printemps normand. Les oiseaux commençaient tout juste à pépier le matin dans la haie sous mes fenêtres au réveil, et le soleil brillait froidement, déjà prometteur dans les bourgeons et prémices de fleurs couvrant les pommiers du jardin.

Je vous raconte ?

MADAME TRÉGUIER ET SA MAISON

Ce jour-là est un jour de travail, comme beaucoup d'autres. Mon « Ufficio » à moi se situe à côté du bureau de mon cher et tendre, et aujourd'hui, nous faisons route ensemble.

Je vois dans mon agenda une nouvelle patiente, Madame Tréguier. Son rendez-vous est à 10h, et je l'entends déjà s'installer dans la salle d'attente à moins dix pendant que je termine la séance anti-tabac par l'hypnose de mon patient de 9h. Elle met la musique, comme le petit panneau l'y invite, et il va vraiment falloir que je change le disque, celui-là je le connais par cœur. Enfin, le début. Je termine avec le futur ex-fumeur, et c'est son tour.

Lorsque je la fais entrer dans le bureau, elle m'explique qu'elle est venue sur les conseils d'une de ses amies que j'ai déjà vue ici, et qui s'en est trouvée très heureuse. Du coup, moi aussi : le bouche à oreille, c'est la publicité que je préfère.

— Alors… que puis-je faire pour vous ? lui demandé-je

— Ben je ne sais pas… ! m'avoue-t-elle tout de go. Vous voyez, j'ai peur chez moi. Il y a *des bruits la nuit, et des courants d'air alors que toutes les fenêtres sont fermées*, et moi, j'ai peur et je dors très mal. Je me suis dit que l'hypnose pourrait m'aider à mieux dormir, et ne plus avoir peur pour rien ?

Il fallait bien que ça m'arrive un jour, tiens ! Les bruits la nuit, et tout le folklore, les courants d'air toutes fenêtres fermées, les insomnies, ça me rappelle évidemment beaucoup ce que Chiara m'a raconté de sa madame Roumègue. Se pourrait-il que j'ai une madame Roumègue exprès pour moi aussi ? Je respire à fond. Je ne suis pas Chiara, et je ne sais pas faire ce qu'elle fait. Pourquoi ça m'arrive alors ?

— Madame Tréguier, ce que vous me dites me fait penser à autre chose dont je parlais récemment avec une collègue... Et elle, elle saurait m'en dire plus sur ce qu'on va pouvoir faire. Vous permettez que je l'appelle ?

Chiara, par chance, répond à la deuxième sonnerie.

— Claire ? Qu'est-ce qui se passe à cette heure-ci pour que tu m'appelles ? Dis-moi ?

— Chiara, je ne te dérange pas ? Tu te souviens de nos dernières conversations au coin du feu cet hiver ? Voilà... J'ai en face de moi une personne qui se plaint de courants d'air alors que ses fenêtres sont fermées, de bruits nocturnes dans sa maison, et qui dort très mal. Ça te parle ? J'ai pensé à toi...

— Donne-moi son adresse ?

Madame Tréguier décline gentiment son adresse postale sans poser de question. Chiara prend deux minutes et je l'entends à nouveau.

— Bon. Y a 5 âmes errantes dans sa maison, dont une qui a vécu là toute sa vie et que les autres ont réveillée en arrivant plus récemment. Et ta patiente en porte 3 de plus sur elle. Tu veux que je m'en occupe ?

Je respire profondément. Comment va réagir Madame Tréguier, venue chercher de l'hypnose pour dormir, si je lui propose un « passage d'âme » invisible, et donc non mesurable ? !

— Euh... Je vais te passer ma cliente, tu vois ça avec elle, je ne lui ai pas dit pourquoi je t'appelais..., réponds-je sans grande hardiesse.

Et avec beaucoup de lâcheté mal assumée, je me débarrasse du combiné entre les mains de ma cliente.

Elles parlent ensemble, et contre toute attente... elles se comprennent ! Chiara doit expliquer les choses avec plus de ménagement qu'elle ne l'a fait avec moi. Elles parlent des bruits. Quels bruits, quand, où ? Et des courants d'air froids... et j'entends madame Tréguier parler d'elle aussi, en réponse à des questions de Chiara, j'imagine.

« ... Oui, aussi. C'est vrai, je n'y pensais pas spécialement, à mon âge, vous savez, mais oui, je suis fatiguée en ce moment. Mais bon, on sait avec le printemps, hein... et puis du grignotage, oui, c'est certain, souvent. (Elle a petit rire coquet.) J'ai pris 3 kilos depuis un mois !... Ah bon ? Vous croyez que tout est lié ?... Ah bah ça alors... Oui, oui, bien sûr ! Le voici : 06.1X. X8.3X. X9. Madame Tréguier. Merci, à demain, Madame Della Luna ! »

Elle me tend le téléphone. Elle se sent ragaillardie.

— Votre amie est charmante. Elle m'a dit qu'elle allait s'occuper de ma maison, et de moi. Elle peut faire ça à distance, et elle me rappelle demain pour contrôler si c'est rentré dans l'ordre.

— Et... Euh... Elle vous a dit quoi au juste ?

— C'est une question énergétique, une pollution de l'énergie, ça arrive, dans les maisons, parfois, m'a-t-elle expliqué, elle m'a parlé de géobiologie aussi, j'ai déjà entendu parler de ça à la télé... Et comme ça vient parfois de l'environnement, elle m'a demandé si j'habitais à côté d'un cimetière, parce que ce sont de mauvaises énergies, a-t-elle dit. Et justement, il n'est pas très loin de chez moi. Elle explique très bien, votre amie. Je me rappelle pas de tout, mais enfin bon... Ça va être réglé, apparemment, dès demain matin. Et elle m'a dit que sinon, je ne lui devrai rien.

Je hoche la tête. Bravo Chiara. Affaire à suivre.

— Vous me direz, alors ? suggéré-je à madame Tréguier qui, pour le coup, ne me doit rien puisque je n'ai fait que la rediriger.

— Oui, oui ! m'assure-t-elle en partant ravie.

La journée suit son cours. Le soir, au retour à la maison, comme tous les soirs, c'est l'heure de préparer le dîner. Mais comme tous les soirs depuis un mois, je m'assieds d'abord sur un des fauteuils du salon, et je reste coincée là. Mes journées ne sont pas harassantes, et je suis harassée.

Mon cher et tendre vaque à diverses petites choses, et se pose aussi.

— Tu n'es pas trop pressé pour le dîner ? lui demandé-je enfin.

— Euh... non, pourquoi ? *(Ouf !)*

— Mais tu as faim quand même ? *(Dis non ! Dis non !!)*

— Bah... Oui, normalement... Pourquoi ? *(Zut, raté)*

— Je vais aller préparer, alors. Je n'ai pas le courage de me lever, je suis naze ce soir. Encore plus que d'habitude. Mais bon, je prends cinq minutes et j'y vais, ne t'inquiète pas.

Et il me faut bien les cinq minutes au grand complet, pour arriver à me remettre sur mes pieds et aller préparer un repas un peu bâclé. Que ceux qui n'aiment pas les pâtes lèvent la main ?

C'est le lendemain que je comprends.

Je rappelle Chiara.

— Dis-moi, ma toute belle... Je me demandais... Tu crois que j'en ai, moi, des défunts qui me pomperaient mon énergie, là ? Je suis tellement HS ces jours-ci...

À peine ai-je fini ma phrase que j'entends un sifflement admiratif au bout du fil.

— Eeeeeeh bien, dis donc ! Quand tu t'y mets, toi, tu ne fais pas les choses à moitié ! Tu peux être HS ! Tu en as 21 !

— Comment ça, 21 ? interrogé-je, interloquée, et à la fois stupidement fière du palmarès et horrifiée d'être pillée de la sorte sans mon consentement.

— 21. Je les sens d'ici, ça vibre de partout dans la main qui tient le téléphone !!! Attends, que je voie de plus près. (Elle se tait pendant un petit moment) Tu en as attrapés plusieurs ici, quand on a visité le cimetière historique, tu te souviens ? Il faudra vraiment que je te montre comment on se protège, quand même. Et tu nous as complété ça gentiment jour après jour dans ton bureau... 21 ! Un record, là.

— Bon. Je comprends alors pourquoi je n'arrivais plus à me lever de ma chaise ? C'est dingue, cette sensation d'être clouée là et vide, tellement vide d'énergie !

— Oui, il parait ! Bon, ne t'inquiète pas, je m'en occupe tout de suite, et demain matin, tu te lèveras fraîche comme une rose.

Et effectivement, c'est ce qui arrive. Au réveil, une sensation de bien-être, de « normalité » des sensations, de calme. Mmmmmm, comme je la savoure, cette matinée normale !

C'est ce midi-là que Madame Tréguier me rappelle, alors que je déjeune avec Maurice. Je mets le haut-parleur pour plus de commodité.

— Je vous remercie encore, me dit-elle, de m'avoir adressée à votre amie. Elle a débarrassé ma maison de 5 âmes errantes *(tiens, Chiara s'est autorisé des explications plus poussées, on dirait)* et j'ai retrouvé le calme de ma maison, j'ai si bien dormi cette nuit, plus un bruit suspect... J'ai retrouvé mon énergie de 20 ans !...Et il n'y a plus de ces courants d'air froids. Merci, vraiment !

J'échange avec elle quelques instants, puis nous raccrochons.

Ce que, après un silence dubitatif, Maurice résume laconiquement : « Parce que tu y crois, toi, à ces conneries-là ? »

Après un petit silence, je réponds d'un air tranquille :

— Ah... ! J'ai bien peur que tu ne sois obligé d'y croire aussi... ! Tu as vu comme j'étais épuisée depuis quelques semaines ? C'était ça aussi. Chiara a travaillé pour moi hier soir, et regarde comme je suis bien aujourd'hui !

Il a remarqué, me concède-t-il.

Il en prend son parti. Il faut juste que ça fasse son chemin... Il est vrai que je ne lui en ai pas parlé au retour de chez Chiara, pas assez convaincue moi-même sans doute. Il découvre tout juste, et j'ai une bonne longueur d'avance.

Peut-être n'est-il pas encore si convaincu de son côté, car quelques semaines plus tard, il va vivre une expérience très particulière, comme s'il devait recevoir cette « leçon » pour mieux suivre la suite… et aller plus loin avec nous.

FRANÇOISE

Avant cela, j'aurai l'occasion, lors d'un de nos repas en tête-à-tête, de lui raconter une autre histoire, plutôt amusante, petite pierre à l'édifice de nos découvertes à tous les deux.

C'est Françoise, une délicieuse femme d'une quarantaine d'années que j'avais déjà vue pour d'autres raisons, qui vient me voir parce qu'elle a un souci de grignotage. En réalité, me dit-elle, elle a deux ou trois kilos à faire disparaître, mais comme elle grignote volontiers 4 ou 5 carrés de chocolat tous les jours, elle souhaite commencer par se défaire du grignotage, et suppose que cela suffirait à lui faire retrouver son poids de santé. Je réponds à sa demande par un travail en hypnose approprié, qui a déjà fait ses preuves sur le grignotage.

Moins d'une semaine plus tard, elle me rappelle un peu affolée : Elle n'a effectivement plus du tout envie de chocolat, et cependant, sa consommation s'est « multipliée par dix, et elle mange désormais comme quatre» (Je lui laisse la responsabilité de ses approximations mathématiques curieuses). À ce «régime»-là, au sens propre, son projet de retrouver son poids de santé est assez compromis.

— Qui plus est, ajoute-t-elle, la séance m'a tellement fatiguée que je n'arrive pas à m'en remettre.

— Ah ! Tu vas me dire que c'est encore une histoire d'âmes errantes, ou je ne sais pas quoi, me dit Maurice lorsque je le lui raconte.

Me prouvant ainsi que ça fait son chemin chez lui aussi. Ce qui ne l'empêche pas, à ce moment précis, de reprendre des crudités.

— Exact. J'ai appelé Chiara, qui en a trouvé 6, gourmandes de chocolat. Elle m'a dit que Françoise les avait attrapées dans mon bureau lors de la séance !

Françoise étant très ouverte, j'aborde cette question-là avec elle à mots découverts, et lui dit que Chiara l'a débarrassée. D'ailleurs, elle s'est sentie reposée aussitôt, et débarrassée du grignotage en même temps. Ouf. Et elle éclate de rire :

— C'était comme si j'avais une colonie de vacances dans ma cuisine qui ravageait mon frigo ! Et c'était plus fort que moi ! me dit-elle.

Voilà des âmes errantes bien peu soucieuses de protéger ma réputation d'hypnothérapeute ! Avons-nous convenu en riant.

Maurice sourit. Je ne lui en demande pas plus.

From ClaireB
To ChiaraDellaLuna
Objet : sur la mort

Coucou Chiara… Je fais une petite pause
Dis, tu connais la différence entre
un pessimiste, un réaliste et un optimiste ?

From ChiaraDellaLuna
To ClaireB
Objet : Re : sur la mort

Euh… c'est une devinette ?
Je ne sais pas…

From ClaireB
To ChiaraDellaLuna
Objet : Re : Re : sur la mort

Le réaliste dit :
« Lorsque je mourrai… »
Le pessimiste dit :
« Puisqu'il faudra que je meure un jour… »
Et l'optimiste dit :
« Si je meurs un jour… »

J'y retourne. Bises.

ENTRETIEN : LES ÂMES ERRANTES.

Lorsque tu crois que la mort est la fin de tout,
comment peux-tu supposer que tu es mort
alors que tu te sens « exister » ?

Voilà, il est 21 heures, tout est calme, et nous avons pris ce rendez-vous Skype pour un entretien sur les âmes errantes, Chiara et moi : je veux en savoir plus, après *l'épisode Madame-Tréguier.*

— Alors, Chiara, j'aimerais bien que tu m'expliques un peu, sur les âmes errantes ? Qu'est-ce qu'elles font là, d'abord ?

— Eh bien comme je te le disais, souvent, elles ne savent pas qu'elles sont mortes ! C'est la première chose que je dois faire avec elles : leur faire comprendre cela.

— Ah ! Tu dialogues, alors ?

— Oui, souvent. Et si je n'ai pas le temps de le faire, alors je les envoie respectueusement vers la Lumière où je demande qu'elles soient prises en charge et accueillies par les guides.

— Pourquoi ne savent-elles pas qu'elles sont mortes ? Comment est-ce possible ? C'est si définitif, la mort ! On peut vraiment mourir et ne pas s'en rendre compte ? Ça semble juste absurde !

— Vois-tu, il y a plusieurs cas de figure : Il y a des gens dont la mort est si violente ou si soudaine, qu'ils n'ont pas le temps d'en prendre conscience tout de suite.

Un jour, comme ça, — je t'ai dit que j'étais médium, comme ma grand-mère, tu te souviens ? — un jour sur l'autoroute, il y avait eu un grave accident. Ce jour-là, j'étais dans le ralentissement qui s'est formé pendant que les secours intervenaient. Lorsque l'autoroute a été dégagée, la circulation a repris. Eh bien lorsque je suis passée sur le lieu de l'accident, j'ai « vu » deux automobilistes défunts en train de se disputer ensemble sur le bas-côté, « Et comment je vais faire pour aller là-bas sans ma voiture ? » criait l'un en boucle. « Mais vous ne pouviez pas regarder devant vous ? » répétait l'autre indéfiniment...

Vois-tu le passage de la vie à la mort se fait en un éclair. On parle de la fragilité de la vie, on a raison. On n'a pas vraiment le temps de changer d'état d'esprit ! Ces deux-là sont morts en prenant conscience de leur accident, ce fut sans doute leur dernière pensée consciente, et elle les a accompagnés ensuite, comme dans quelque chose de figé. En boucle.

D'autres raisons de ne pas savoir qu'on est mort, ça peut être tout simplement de ne croire à rien ! Lorsque tu crois que la mort est la fin de tout, comment peux-tu supposer que tu es mort alors que tu te sens « exister » ? C'est sûrement très étrange et déstabilisant... car les défunts sont vraiment tous seuls au milieu de nous tous — ou de rien — dans ce cas.

L'image que j'utilise parfois, c'est comme si les défunts et les vivants étaient alors des personnages projetés sur le même écran de cinéma, mais à partir de deux bobines de film différentes. Donc le défunt peut voir les deux se superposer, mais il ne peut pas y avoir d'interaction avec les personnages de l'autre film !

— J'aime bien ton image, je m'en resservirai. J'imagine très bien, donc, ces défunts qui se croient sur le même film que les vivants, parce qu'ils sont projetés sur le même écran, mais qui n'arrivent pas à se faire entendre, ou à recevoir des réponses s'ils veulent interagir avec les vivants... C'est ça ?

— C'est ça.

Subitement, je réalise dans quelle situation émotionnelle sont ces âmes errantes. Je me sens atterrée, émue, devant la détresse que cela peut provoquer. Une sorte de vertige, à ressentir moi aussi, en ce moment, l'incommunicabilité, l'incompréhension, le sentiment d'abandon, qu'ils doivent ressentir !

—... C'est juste vachement flippant, quand même... murmuré-je.

— Oui. Tu comprends pourquoi ils ont besoin qu'on les aide.

— Après, reprend-t-elle, il y a des cas particuliers, dans lesquels les défunts peuvent se savoir décédés, mais ne pas l'accepter. Comme ce châtelain qui hante son propre château pour ne pas le laisser aux mains de n'importe qui...

Je repense à ce couple venu me voir parce qu'ils n'arrivaient pas à vendre leur maison... Il y avait cette vieille tante qui avait offert sa maison en héritage à son neveu et son épouse. Pour elle, il était hors de question qu'ils vendent SA maison, qu'elle leur avait léguée à EUX ! Elle est restée dans les lieux, et a fait fuir tous les acheteurs potentiels pendant plus de 18 mois ! — Oh, pas en faisant des trucs horribles comme on voit au cinéma ! Pas de vol plané de tasse à thé ou d'ouvertures de fenêtres à grands fracas... : juste une énergie résolument négative qui disait non. Il a fallu la faire partir pour que la maison se vende — et ça s'est vendu assez vite, ensuite.

Et puis il y a aussi les émotions ! Le fait de rester attaché à des émotions et des sentiments, ou bien d'être retenu par les gens qui nous pleurent. C'est important, tu sais, de faire son deuil. Pour soi, l'humain « qui reste », et aussi pour le défunt. Car des attaches qu'on n'arrive pas à couper peuvent retenir les défunts sans qu'ils puissent s'en libérer. Tout comme les situations qui ne sont pas réglées sont aussi un frein à leur passage dans la Lumière. S'il y a des « dettes relationnelles », dans un sens ou dans l'autre, tu vois, des culpabilités...

Elle s'arrête un instant, comme pour permettre à ses pensées de suivre une logique et ne rien oublier, puis elle reprend, d'un ton plus soutenu, comme un message qu'elle voudrait faire passer à tout prix.

— Tu sais, je vois des gens qui pensent que mourir c'est difficile parce qu'on va « abandonner » ceux qu'on aime. En fait, c'est une vision des choses très humaine. Mais au moment de la mort, il y a un réel détachement qui s'opère, et celui qui meurt passe vraiment à autre chose, à une autre facette de sa vie, de façon naturelle et saine. Sauf si cet attachement humain, relationnel ou matériel, le retient plus qu'il n'est approprié. Il est... vraiment important de se préparer à lâcher-prise dans la mort, tant qu'on est bien vivant.

Je reste silencieuse un moment. Je me demande s'il y a des situations qui me semblent assez importantes pour que je ne sache pas lâcher-prise quand je serai morte. Là, comme ça, je ne vois pas. Mais sait-on jamais. De ce fait, je me dis qu'il doit être assez important de ne pas rester en dette relationnelle avec nos proches. Mettre les situations à plat est important pour vivre mieux et mieux mourir. J'en aurai d'ailleurs bientôt la confirmation à travers les histoires de Chiara.

— Bon, alors on peut mourir trop vite pour s'en apercevoir, ok. Mais pourquoi rester coincé là ? Et d'ailleurs, où aller ? Ton histoire de Lumière, c'est ça ?

— Rester coincé là n'est sûrement pas un choix la plupart du temps, sauf les histoires de biens matériels à surveiller, comme je te disais juste avant. Ou des histoires de vengeance...

Alors oui, mon « histoire de Lumière »... (Sourire). La vraie place des défunts, c'est dans cet « ailleurs » que personne ne sait nommer. Certains l'appellent le ciel, « là-haut », ou l'au-delà, d'autres le nirvana, le paradis, l'eldorado, ou tout ce que tu voudras. Les religions donnent des noms, la philosophie et la vie quotidienne aussi... Le nom importe peu, en fait. J'aime bien « Lumière », parce que c'est sans doute ce dont on est le plus certain : il y a de la Lumière ! Je t'en reparlerai quand on abordera les questions de Mort Imminente ! Ce qui compte, c'est que cet « ailleurs », c'est là où nous sommes « chez nous » après la vie terrestre. Tous. À égalité. Avec beaucoup, beaucoup, d'Amour partagé.

Encore une fois, il y a ceux qui croient que la vie s'arrête sur le néant, et donc ne cherchent pas autre chose. D'autres ont des idées très arrêtées sur ce qu'ils attendent, et ne cherchent que ça, sans voir ce qui se propose à eux, à cause de l'idée si précise qu'ils ont ! Tu sais, comme l'autre jour quand tu cherchais ce livre sur ton étagère, tu le cherchais avec un dos blanc écrit en bleu... et tu es passée dix fois devant sans le voir... et moi, je l'ai trouvé en un clin d'œil : le titre était écrit en rouge sur fond beige... *Chiara rit.*

— Ce qui est important, reprend-t-elle, c'est l'ouverture de cœur. Elle nous guide. Mais si on ne veut pas voir, on ne voit pas. As-tu remarqué ? Les gens ne voient pas ce qu'ils pensent impossible.

Et puis souvent, et même toujours, lors de la mort, quelqu'un de notre *famille d'âme* vient nous chercher... ou un parent décédé avant nous... Et ça, je t'en reparlerai un peu plus tard. On ne meurt jamais tout seul. C'est important de le savoir, ça fait du bien. Personne ne meurt jamais tout seul. Même quelqu'un qui finirait sa vie seul, ne mourra pas seul. Il faut aussi que ça se sache, pour que personne ne se retrouve avec l'impression d'être seul, juste parce qu'il ignore tout ce qui l'attend.

Pendant quelques instants, notre conversation dévie sur des sujets d'actualité, jusqu'à ce que Chiara revienne sur le fil du sujet :

— Tiens, ça me fait penser à une histoire d'âme errante plutôt rigolote, tu veux ?

— Oui, oui, vas-y ! J'ignorais que ça pouvait être drôle !!

— Mais si, enfin, si on veut... écoute :

Une dame vient me voir, elle ne sait pas ce qui lui arrive, mais elle n'a plus du tout envie de se rapprocher physiquement de son mari depuis quinze jours. Pourtant elle l'adore, et ils se sont toujours bien entendu dans ce domaine ! Et là, pas envie. Pire que ça : elle le repousse. Ça n'était jamais arrivé. Lui, il s'interroge, est-ce qu'elle a quelqu'un d'autre ?

En fait, il ne croyait pas si bien dire... Elle avait « attrapé » une âme errante d'un Don Juan qui la trouvait très belle, mais qui n'avait aucune tendance homosexuelle ! Alors « se glisser dans son énergie à elle, oui, mais se taper le mari : non ! »

— Bon, tu l'as débarrassée du Don Juan, j'imagine ? ! dis-je dans un éclat de rire.

— Bien sûr ! Tiens, et cette seconde histoire, tout aussi embarrassante :

Une dame vient me voir car elle s'inquiète : son mari a des tendances bizarres depuis quelque temps. Il se met à faire des remarques ostensibles lorsqu'il voit des hommes qui portent des chemises roses par exemple, et remarque à des kilomètres tout ce qui peut ressembler de près ou de loin à des tendances homosexuelles chez les gens qu'il croise, où que ce soit. Lui, ça l'amuse. Elle, ça l'agace. Il n'a jamais été comme ça ! me dit-elle. Elle n'ose même plus sortir avec lui de peur qu'ils passent pour homophobes !

Il avait effectivement attrapé une âme errante d'un jeune homme homosexuel qui avait un réel plaisir à identifier des partenaires potentiels ! Tout est rentré dans l'ordre très vite !

— Tu te rends compte que ces personnes-là peuvent bousiller leur vie à cause de ça ? Ça me fait frissonner. Elles ne sont pas si drôles que ça, tes histoires.

— Non, tu as raison, c'est drôle parce que ça s'est bien terminé. Mais effectivement, entre le divorce de la première, le changement d'orientation sexuelle du second (qui ne l'aurait pas satisfait d'ailleurs) et toutes les personnes qui doivent faire des années de thérapie parce que de tels problèmes leur sont attribués, sans compter ceux qui restent des années sous antidépresseurs ou en hôpital psychiatrique...

Mais n'oublie pas que *tout le monde n'est pas prêt à entendre ces histoires comme des histoires vraies.*

Toi-même, Claire, tu as eu un peu de mal, au début, et pourtant, tu me connais depuis un long moment et tu as confiance en moi...

— C'est vrai, admis-je.

Et dans mon for intérieur, je me dis même que je ne suis pas encore tout à fait sûre de croire à tout ce qu'elle me raconte.

— Je peux te poser encore une question ?

— *Sei è benvenuta.*[1] Vas-y ?

— **Avec tout ce que tu me racontes, je me demandais... Est-ce que tout le monde en « attrape » ? Comment on fait pour éviter ça ?**

— D'abord, il faut que tu te mettes dans la tête que je n'ai pas les réponses à TOUTES les questions. Je suis un être humain comme toi, et même si je connais un peu mieux cette partie-là de la vie, ça ne fait pas de moi une encyclopédie, ok ?

---

1 - Tu es la bienvenue.

— Tu ne sais pas ?

— SI. Enfin, sans doute pas tout. J'ai observé qu'il n'y a pas de profil-type de ceux qui hébergeront malgré eux des âmes errantes. Disons que ce sont en général des gens sensibles, et plus ou moins empathiques. Par contre, il y a de nombreuses personnes qui ne seront pas embêtées, sans doute parce que leur énergie est, comment dire… j'allais dire verrouillée de l'intérieur. Des personnes avec une très forte personnalité, par exemple.

— Et… Pour éviter ça si on est « sensible et un peu empathique », on fait quoi ?

— Quand on le sait, on verrouille de l'intérieur… ou bien on recoure à une méthode énergétique, aussi bien. Je te montrerai tout ça[2].

Ah, au fait, Claire, je ne t'ai pas dit… J'ai remarqué que tu en attrapes plein à ton bureau. Alors je t'ai installé un « ascenseur automatique ».

— De quoi tu me parles, là ?

— Je t'ai installé un ascenseur automatique. Pour eux. Dès que tu franchis le seuil de ton bureau, les âmes errantes qui te collent sont « aspirées » vers la Lumière. Comme ça, tu ne seras plus « harassée par

---

2 - La meilleure façon de se protéger consiste, énergétiquement, lorsqu'on va dans des lieux « à risque » (églises, cimetières, hôpitaux, etc.) à imaginer qu'on est entouré d'une grande bulle de plexiglas suffisamment large pour y étendre les bras horizontalement. La bulle doit aussi être bien close, sous nos pieds et au-dessus de la tête. Puis on pensera simplement à former un « trou » d'un diamètre de 7 centimètres environ, au niveau du front (ou « 3e œil ») afin de permettre des échanges avec l'extérieur. L'intention, en énergétique, est toujours puissante. Cette bulle est une protection suffisante pour une durée de 3 heures environ.

des journées non harassantes. », c'est bien comme ça que tu m'avais dit ?

À sa façon de le prononcer, un rien de soleil et d'accent entre les syllabes, ça devient tentant, pourtant, d'être harassée par des journées non harassantes. Mais j'applaudis l'idée à deux mains.

D'autant que depuis ce jour-là, je n'ai plus été envahie d'âmes errantes, et j'aime autant. Merci Chiara.

Bon, on avait fait le tour de la question, avec cet entretien, on allait pouvoir passer à autre chose !

Cependant...

À peine 30 jours plus tard, nous devions pourtant être confrontés à une nouvelle expérience un peu hors du commun.

Cette fois, c'est moi qui me suis posée la question. En fait, j'y ai mis le temps, j'aurais dû m'en apercevoir plus vite, mais... malgré tout ce que Chiara m'expliquait, il fallait encore, visiblement, que j'intègre certaines choses un peu obscures pour moi. Sans parler de Maurice, qui prenait quand même ça pour beaucoup de fantaisies. Il allait devoir changer bientôt d'avis :

Cette fois, c'était pour lui : *Cadeau, Maurice !*

« On risque autant à croire trop
qu'à croire trop peu. »
Denis Diderot

— Chiara ? Excuse-moi, je te dérange encore à pas d'heure...

— Non, là, ça va. Je peux t'aider ?

— Écoute... peut-être que je me fais des idées, et que tout ce que tu m'as dit commence à me tournebouler la tête, c'est peut-être juste ça. Mais, quand même ; je trouve Maurice drôlement dépressif depuis quinze jours, ça ne lui ressemble vraiment pas. Il reste assis dans son fauteuil, on croirait un petit vieux. Et il est taciturne, triste... Ça ne serait pas encore un coup de tes défunts ?

Chiara ne répond pas. Elle teste. Car j'ai appris que l'énergie étant ce qu'elle est, on peut se brancher et agir dessus à distance sans aucun problème. Ça fait comme les ondes radio : *France Musique* émet depuis Paris, et on peut le recevoir n'importe où, juste à condition de se régler sur la bonne fréquence, on appelle ça syntoniser. Pour la radio, la bonne fréquence, c'est par exemple *92 FM*. Pour l'énergie d'une personne, ce qui va remplacer le « 92FM » pour la syntonisation, c'est son identité unique : nom, prénom, date de naissance. Pour une maison, l'adresse postale.

Quelques instants après, elle confirme :

— C'est ça, c'est un petit vieux qui est là, tu as bien observé. Bon... J'ai cinq jours de libres : Vous m'accueillez chez vous, Maurice et toi ?

— Chic ! Avec plaisir ! Tu arrives quand ?

— Demain.

— Super ! Par contre, je travaille Jeudi…

— Je viendrai avec toi, tu veux bien ? Je serai ta stagiaire.

— Oh, génial !

— Et comme ça, on s'occupera de Maurice ensemble.

— Comment ça, on s'occupera de Maurice ensemble ! ?

Mon ton est nettement moins enthousiaste, j'en ai bien conscience ! Chiara aussi, qui sourit au bout du fil, je l'entends !

— Oui, il est temps que tu fasses ta première expérience de passage d'âme, non ?

—… Euh… tu crois vraiment ?

Ma question est plus une sorte de soupir mourant qu'une manifestation d'exaltation flagrante.

Chiara éclate de rire.

— *Ti amo troppo. Non cambia nulla.*[3]

— Ce qui veut dire ?

— T'es parfaite comme ça. À demain, Je file faire ma valise ! Faut que je mette plein de gros pulls, c'est ça ?

Chiara est arrivée comme si elle allait descendre directement du train sur la banquise. Sauf les raquettes, quand même. Délicieux moment des retrouvailles, qui commence sur le quai de la gare, et se continue comme une traînée d'étincelles, ne s'achevant qu'à l'heure d'éteindre les lumières.

Mais avant cela, elle me prévient :

— Demain, on s'occupe de Maurice. Tu as raison, il n'est pas dans son assiette…

---

3 - Je t'aime trop. Ne change rien !

ALFRED LE CHEMINOT

Le petit-déjeuner expédié, nous nous retrouvons au salon tous les trois.

Maurice est dans son fauteuil, il a l'air dépressif et amorphe. Rien ne le tente, rien ne lui fait plaisir... ce n'est pas gai. Et surtout, ce n'est pas lui, et ça dure depuis un moment ! Chiara prend deux chaises, une pour elle et une pour moi, et les installe de part et d'autre, face à lui.

— Tu vois, me dit-elle en préambule, les indices qui doivent mettre la puce à l'oreille, tu les as trouvés spontanément : un comportement qui n'est « pas lui », c'est à observer de près. Parfois, le comportement change, les goûts, le vocabulaire ou le tempérament, devenir dépressif ou colérique sans raison, par exemple. Et le plus fort : parfois, même la physionomie change de façon fugace ! « Je ne le reconnais plus ! Et son regard ! ». Ce sont juste des indices, mais ils sont souvent très fiables. Ok ? Et lorsque tu entends quelqu'un te dire « C'est bizarre, en même temps je suis en colère et je crie, et en même temps, je me demande pourquoi je le fais, je ne ressens pas la colère... c'est comme si ce n'était pas vraiment moi ». Cette espèce de dédoublement lucide, observe bien.

— Ça me fout les jetons, rien que d'y penser. Je vis avec un Alien déguisé en Maurice ?

— Tu as tort. C'est juste comme ça. Ne juge pas la situation, prends-la comme elle est, c'est tout. Ces âmes errantes sont perdues, je te le rappelle. Elles n'ont pas besoin en plus de recevoir de mauvaises énergies de ta part, tu ne crois pas ?

Je ne réponds pas. Je trouve ça juste. Et ne pas juger est, comment dire... toujours une bonne idée. Je vais m'y appliquer, donc. Je prends une respiration neuve, et Chiara reprend, enthousiaste.

— Tu vas voir, le passage d'âme, c'est très simple. Il est juste question de leur faire prendre conscience qu'ils sont morts, et qu'ils sont attendus ailleurs. Et leur montrer le chemin.

— Et c'est toujours aussi simple que ça ?

— Euh... Non. Pas toujours. Parfois, ils ont peur, et on a du mal à les apaiser. Mais c'est le sens général de ce que nous devons faire. J'ajoute que je te parle de passage d'âmes, on part du principe que ce sont des âmes errantes, des défunts perdus. On ne s'occupe pas des énergies plus mauvaises, que certains appellent des entités. Ça, c'est autre chose, et je ne t'encourage pas à jouer avec.

L'air avec lequel elle me dit cela, regard noir dardé sur moi, ne m'encourage pas non plus. Je réprime un frisson.

— Et comment on fait la différence ?

— Les âmes errantes ne sont pas bien méchantes. Quelques influences d'humeur ou d'émotion, ok. Les entités, ce ne sont pas des âmes perdues. Il y a plus une énergie qui va nuire d'une façon ou d'une autre, agir à la place, ou bien exprimer des émotions très pesantes, très négatives. C'est très noir. Très lourd. Ça, tu laisses tomber, tu ne touches pas.

— Ok, acceptais-je volontiers, peu encline à me fourrer dans des situations inextricables de ce genre.

Et d'ailleurs pas convaincue de « toucher » un jour, à quelque situation que ce soit, même plus « légère » !

Chiara se concentre un instant les yeux fermés et me regarde ensuite, l'air étonnamment serein.

— Allons-y, cette fois. Voici comment nous allons faire : tu vas t'adresser toi-même à cette âme perdue, et moi, je te donnerai les réponses que j'entendrai. Ainsi, nous ferons ce dialogue à trois. D'accord ?

Cette femme est folle.

Mais je n'ai pas le choix. Je hoche la tête lentement, ma respiration s'accélère.

— Vas-y. Demande-lui ce que tu veux. Si tu décides de t'adresser à lui, il t'entend.

— Est-ce que vous êtes là ? demandé-je timidement, en ayant l'impression idiote de parler dans le vide.

Chiara éclate de rire.

— Pourquoi pas « y a quelqu'un ?? » ! Allez, ose !

— Bon. Je me lance : Comment vous appelez-vous ?

Chiara me répond sans lâcher Maurice des yeux :

— Alfred.

Enhardie je poursuis.

— Bonjour Alfred. Vous avez quel âge ?

— 67 ans, me transmet Chiara en m'encourageant d'un hochement de tête.

— Qu'est-ce que vous faites là ? je demande tout de go, oubliant qu'il ne savait peut-être pas où il était.

— Je suis chez moi. Je suis bien. J'ai bien mérité.

Là, je vois rouge ! Maurice, lui, il ne va pas bien, pendant que cet Alfred se congratule !

— Non, vous n'êtes pas chez vous. Vous êtes dans l'énergie de Maurice. Dans ma maison.

— Ouais : elle est bien, la maison ! J'ai toujours rêvé d'une maison comme celle-là, jamais pu me l'offrir. Super, la terrasse. Saloperie d'immeuble, sans compter ce con de voisin avec sa télé. Je suis mieux là.

— De quoi vous êtes mort, Alfred ?

Chiara ouvre de grands yeux. « Dis donc, t'es un peu cash », me glisse-t-elle entre deux. Je me mords les lèvres. Je reprends :

— Euh... Vous savez que vous êtes mort, Alfred ?

— N'importe quoi. Je suis là.

— Bin non. Vous n'êtes plus vraiment là, je vous ai dit, vous êtes dans l'énergie de Maurice. Et dans la maison de Maurice. Vous faisiez quoi comme métier ?

— Il est sympa Maurice, il ne me gêne pas. Cheminot. C'était ma vie, ça, cheminot. Et la retraite, je m'emm... dans mon appartement. Là, elle est bien, la maison.

— Ça va pas être possible, Alfred. Il va falloir aller du côté de la Lumière, vous savez ?

Pas de réponse.

— Il y a bien quelqu'un de votre famille qui est mort avant vous ? Qui pourrait venir vous chercher ?

— Jamais, que je les vois, vu ? C'est chiendent et entourloupes *(Chiara se mélange un peu dans les syllabes, je vois que ce sont des mots qu'elle ne connaît pas trop en français, mais le ton, lui n'est pas équivoque : Alfred est très fâché. Je me demande en riant intérieurement si les fantômes se fâchent « tout rouge » ?).*

Je reste muette un moment. Je ne sais plus quoi faire, quoi dire. Chiara vient à mon secours.

— Alfred, si vous ne voulez pas partir de vous-même, nous allons vous expédier à l'extérieur de l'énergie de Maurice pour le libérer, et demander à vos guides de venir vous chercher. Vous ne pouvez pas rester là, c'est impossible, dit-elle, calme, ferme, et catégorique.

Ce qui ne l'empêche pas de me traduire la réponse qu'elle vient de recevoir :

— *Vous commencez à me casser les c***, les nanas. Foutez-moi la paix, je suis bien, je reste.*

— Désolée, Alfred, y a vraiment mieux pour vous, termine Chiara.

Je la vois se lever, elle se concentre, et dessine de ses deux mains dans l'air devant nous une sorte de large tube vertical, on croirait un peu les tubes de téléportation dans les films de science-fiction. Puis, se penchant vers Maurice, elle semble attraper quelque chose entre ses mains, en s'y reprenant à plusieurs fois, comme si ça lui glissait des doigts. Elle finit par arriver à attraper ce qu'elle veut, et le dépose au centre du tube. Un long regard accompagne ce que je suppose être la montée d'Alfred dans le tube des « envahisseurs » de David Vincent[4], tube que Chiara appellerait sans doute un *ascenseur vers la Lumière.*

Puis elle se rassoit.

— Ça va ? demande-t-elle à Maurice avec bienveillance.

---

4 - Série de science-fiction des années 60, dont David Vincent est le personnage central qui découvre la présence d'« envahisseurs » sur notre planète. Il les voit utiliser la téléportation à travers des tubes en plexiglas.

Maurice a les yeux fermés, il semble dormir à moitié.

— Viens, me dit-elle. C'est bien qu'il se repose. Il sera tout à fait à l'aise dès ce soir ou demain, tu vas voir, il va récupérer très vite ! Quel chameau cet Alfred, dis donc !

Nous passons dans la cuisine, et prenons une tisane bien méritée, en débriefant.

— Bon, tu vois, ce n'est pas si terrible ? me dit-elle. Et encore, c'était un spécimen coriace, l'Alfred. Il ne voulait pas partir ! J'ai même eu du mal à le saisir !

Une prochaine fois, je te montre comment je fais. Maintenant que tu as fait cette expérience, tu retiendras très bien tout ce que je te montrerai.

— Une prochaine fois ? Tu crois qu'on va en avoir encore beaucoup à faire, comme ça ?? réponds-je, interloquée.

— *Chi sa ? Chi può sapere ?*[5] On verra bien… Et elle a un sourire mystérieux.

≈

Le mystère ne dure cependant guère longtemps : le soir même, elle me fait sa démonstration dans le salon, où une jeune fille mélancolique en longue robe bleu pâle est, paraît-il, assise dans le coin, sur le banc de la cheminée, depuis plusieurs décennies. J'écoute comment Chiara s'y prend, et pense en mon for intérieur qu'elle fait ça très bien. J'emmagasine ce

5 - Qui sait ? Qui peut savoir ?

qu'elle dit, ce qu'elle me traduit des réponses qu'elle obtient, et tout me semble à sa place. Suis-je en train de devenir passeuse d'âme ?

Il reste toutefois un inconvénient de taille : je ne suis pas médium.

≈

Le jeudi, Chiara vient avec moi au bureau, comme prévu, et je la fais passer pour ma stagiaire. Cela ne pose aucun problème à personne.

Mes deux premiers patients partis, nous attendons le troisième de la matinée en devisant gaiement, lorsque je constate qu'il est déjà 11h15 : au-delà d'un retard, c'est plus sûrement un oubli, une « annulation sauvage », comme cela nous arrive assez régulièrement, à l'une comme à l'autre.

Dans une inspiration subtile, Chiara me dit aussi innocemment que possible :

— Tu sais quoi ? Lorsque j'ai une annulation sauvage, pour ma part, je regarde toujours si il n'y aurait pas un défunt dans ma salle d'attente, qui aurait besoin d'aide...

— Chiara, tu abuses ! Je lui réponds avec un regard torve.

— Viens, me dit-elle simplement.

Elle m'emmène dans la salle attenante, prend ma main gauche et la présente vers l'avant comme si je devais me chauffer les doigts devant un radiateur à gaz.

— Ne réfléchis pas, passe ta main, et accepte de sentir. Que sens-tu ?

— Rien.

— Alors dis-toi que tu voudrais le sentir 1000 fois plus fort, et recommence.

Je soupire, et fais ce qu'elle me dit. Et là, je sursaute.

— On dirait que c'est comme si l'air était... trouble ? Flou ? D'une sorte d'épaisseur différente ? C'est juste étrange, je ne sais pas comment décrire ?

— Tu l'as, bravo ; il est là depuis plus d'une heure, il attend son tour. Il est vêtu d'une veste en cuir et d'un jean, 25 ans maximum. On le fait entrer dans le bureau ? On fait comme l'autre jour ? Oh ! Il dit qu'il peut attendre, car il n'a pas rendez-vous ! Patient et bien élevé, ce jeune homme...

« Pour pouvoir voler,
vous devez croire à l'invisible. »

RICHARD BACH (JONATHAN LE GOËLAND)

FRANCK

Qu'est-ce que je risque ?! Chiara est là, allons-y, voilà tout. Je me mets face au fauteuil « vide », et je dis « Bien : c'est à nous, entrez, je vous en prie », et je m'efface pour laisser passer cette sorte « d'air trouble » dont j'ai ressenti aussi concrètement que possible « l'épaisseur étrange » dans la paume de ma main.

Je m'assieds à mon bureau, Chiara auprès de moi, comme ma stagiaire se doit de le faire. Notre client invisible est censé être en face de moi, dans un des deux fauteuils mis à disposition. Je me lance, mon bloc et mon stylo à la main : j'ai décidé de le traiter comme un client « normal ». Ou bien je joue ?

— Comment vous appelez-vous ?

— Franck, me dit Chiara.

— Que puis-je faire pour vous, Franck ?

— Voilà : j'ai vu que vous étiez sexologue, parce que j'ai trouvé votre carte dans ma boîte aux lettres. Et j'ai besoin de vous. J'ai un problème avec ma copine.

Très drôle. J'ai effectivement une formation de sexologue, mais il se trouve qu'elle n'est pas indiquée sur mes cartes (je n'ai pas envie de ne faire que ça) et qui plus est je ne fais jamais de boitage de cartes de visites. Mais Chiara m'expliquera plus tard que les « guides » comme elle dit, savent donner des pistes aux défunts pour qu'ils avancent quand ils sont un peu coincés... Je suis très honorée d'être dans l'annuaire professionnel des guides. Ça doit bien valoir Pages Jaunes, ça.

— Ok. Quel âge avez-vous, Franck ?

— J'ai 23 ans.

— Et c'est quoi, alors, ce problème avec votre copine ?

— Elle me fait la gueule depuis l'autre jour. Elle ne voulait pas que j'aille chez mes potes, et j'y suis allé quand même, et depuis, elle me parle plus, elle me regarde même plus, et elle fait la gueule tout le temps, elle pleure... Je ne sais pas quoi faire. Pourtant, je lui ai dit que je le referai pas si elle ne veut pas... Y a rien qu'elle écoute.

— Et... Ça s'est passé comment, cette soirée entre potes ?

— Bah, vous savez, on est entre potes, on picole un peu aussi… j'ai descendu quelques verres, c'est sur…, avec les potes… Et puis je suis rentré, mais pas si tard que ça. Il faisait juste un peu nuit. Elle me le pardonne pas.

— Je vois.

En fait, je vois bien le problème : il ne sait pas qu'il est mort, il est sur le « film superposé » et sa copine sur l'autre film, ok. C'est comment aborder la question que je ne vois pas très bien.

La chance est avec moi, Franck a les yeux qui traînent sur mon bureau, il s'exclame :

— Il est super, votre téléphone portable ! J'en ai jamais vu de comme ça.

— Ah oui ? Tenez, regardez-le de plus près, si vous voulez, proposé-je alors en déposant mon smartphone à sa portée sur le bord du bureau.

Chiara fait un geste de la tête pour me féliciter. Et me raconte à mi-voix :

— Il essaye de l'attraper, mais sa main passe à travers. Il râle, il peste, il ne comprend pas… Vas-y, m'encourage-t-elle.

— Vous n'arrivez pas à l'attraper, Franck ?

— Non, qu'est-ce que vous avez fait ? C'est quoi ce bor*** ? *(Nota : il est un tout petit peu énervé, le Franck.)*

— Franck, regardez, il y a des tas de petites choses comme ça. Vous n'arrivez pas à attraper le téléphone, et si je vous donne un crayon et un papier, vous n'arrivez pas non plus à écrire votre nom… Tenez, essayez !

Chiara opine de la tête, elle me le décrit en train de jurer devant le stylo immobile qu'il ne peut pas saisir. Je continue sur le même ton :

— En plus, je vous parle, mais je ne vous vois pas. Et je ne vous entends pas non plus, j'ai besoin de mon amie médium qui est là auprès de moi pour savoir que vous êtes en train de dire des gros mots. Vous savez ce que je crois ? Je crois que ce jour-là, en revenant de chez vos potes, vous avez eu un accident avec la voiture... Et vous êtes mort. C'est pour cela que votre copine ne peut pas vous parler ni vous répondre... et qu'elle pleure...

— Impossible !

— Vous croyez ?

— C'est qui la fille qui remue les lèvres ? demande-t-il soudain — par l'intermédiaire de la fille en question.

— C'est Chiara, c'est elle qui entend ce que vous dites et me le transmets. Moi, je ne peux ni vous voir, ni vous entendre.

Chiara m'expliquera par la suite que lorsqu'on s'adresse vraiment à des défunts, et quelle que soit la distance, ils nous entendent. Dans le cas contraire, ils n'entendent pas ce que nous disons. Ainsi, Franck m'entendait lui parler, mais n'entendait pas Chiara me traduisant ses réponses. Et il n'a pu la « voir » qu'après que je lui ai parlé d'elle.

Mon interlocuteur a besoin de « raisons valables » de douter de sa situation ? Moi aussi, je voudrais en savoir plus. Allons-y... amusons-nous un peu...

— Alors, dites-moi... Qui est le Président de la République, Franck ?

— Je sais, j'ai voté. Mais pas forcément pour lui, hein, au premier tour... Jacques Chirac. Répond-t-il.

— En quelle année sommes-nous, donc ?

— 1998 !

Je tourne vers lui mon agenda de rendez-vous, où le millésime 2010 se lit en gros chiffres dorés sur fond rouge.

— Chiara, est-ce qu'un défunt peut devenir blanc comme un linge ? demandé-je tout bas, mi-figue-mi-raisin.

Elle ne me répond pas, se contentant de hocher la tête sans le quitter des yeux.

Franck reste un moment silencieux. Puis il veut en savoir plus. Des preuves en plus.

— Allez voir votre tombe ! Vous verrez bien que je n'invente pas ! finis-je par lui dire. Et même, vous voyez, il suffit que vous pensiez à être là-bas, et vous y serez, et vous serez ici en même temps, car maintenant, ça, vous pouvez le faire, être à deux endroits à la fois !

Chiara m'indique qu'il est parti. Et une minute après, il est déjà de retour.

Il a vu la tombe de sa grand-mère, et il y avait aussi son nom dessus, et l'année : 1998. Alors c'est vrai, il est mort ?

— Oui ! On dirait bien... ! acquiesçai-je.

— Et alors, dites, je peux aller où je veux, comme ça, en claquant des doigts ?

— Euh... oui... si ça vous amuse !

« Un vrai gamin ! » pensé-je devant sa réaction inattendue

L'instant d'après, Chiara éclate de rire en regardant par la fenêtre. Elle me décrit :

— Il est debout sur le faîtage de l'immeuble d'en face, il marche les bras étendus de part et d'autre, et il crie à tue-tête « Je suis le maître du monde ! » comme dans Titanic !

Puis il disparaît de son champ de vision, sans doute en pleine exploration jouissive de ses pouvoirs supranormaux. Un gamin.

Il est midi. Nous allons retrouver Maurice pour déjeuner, à qui bien évidement nous donnons tous les détails de cette séance un peu spéciale... Depuis son Alfred, il est plus disponible pour entendre ce genre d'histoires. Même si c'est encore un peu beaucoup pour lui : il est rationnel, le cher homme.

Retour au bureau à 14h, et un sms m'avertit au moment où je franchis le seuil que ma cliente ne peut pas venir, problème de voiture de dernière minute.

Chiara se penche vers moi et me dit à mi-voix :

— Bingo : Franck est encore là. Il est revenu.

— Bon, ok, dis-je, prise au jeu « *Annulations Contre Rendez-Vous Invisibles.* »

— Franck, vous voulez entrer ?

— Il a l'air abattu, me dit Chiara.

— Que se passe-t-il Franck ? Ça ne va pas ? Vous vous êtes promené un peu partout, alors ?

— Oui. J'ai même été en Chine. Et après, je suis allé voir ma copine.

— Ah. Et alors ?

— Tout a changé là-bas, les meubles, la déco. Elle aussi, elle a changé, d'ailleurs. Et elle a vieilli. Et surtout, elle a un autre mec.

— Franck, je comprends que pour vous ce soit brutal, mais rendez-vous compte : Vous êtes mort depuis 12 ans déjà ! C'est peut-être normal qu'elle ait refait sa vie, non ?

— Peut-être... Mais ça fait un choc.

— Je comprends. Mais vous, maintenant, il va falloir que vous alliez au bon endroit pour continuer, et ce n'est pas ici.

— C'est où ?

— La Lumière. Regardez autour de vous, vous ne voyez pas de la Lumière ?

— Je sais pas.

— Et il n'y aurait pas quelqu'un qui est décédé, de votre famille, qui pourrait venir vous chercher ?

— Ma mémé... Je l'aimais bien ma mémé. Elle me faisait des tartelettes au citron, quand j'étais môme, j'adorais ça...

— Appelez-la, votre mémé, Franck ! Demandez-lui de venir vous chercher !

Chiara m'interrompt, une main posée sur mon bras :

« Sa grand-mère ! Elle est là ! Oh, et ça sent les tartes au citron ! Il l'a vue !...Il se lève, il sort par la fenêtre, et il la rejoint ! On dirait un peu la mémé de Titi et Gros Minet, un peu ronde,... elle le prend dans les bras... Elle dit « bah alors, qu'est-ce que tu fous, mon p'tit gars ? Ça fait un moment qu'on t'attend... » Il a l'air d'un petit garçon... Ça y est, elle l'emmène avec elle. Oh, il se retourne, il te fait un "au revoir" de la main ! Ils vont vers la Lumière... ça y est... ils sont partis ! »

Puis Chiara me regarde, les yeux brillants comme s'ils reflétaient la Lumière qu'elle vient de voir, tout émue, avec une sorte de rayonnement spécial dans les pupilles qui éclaire largement autour de son regard.

À ce moment-là, si jamais il avait pu me venir à l'esprit qu'elle aurait inventé toute cette histoire de Franck pour me faire faire un exercice, à ce moment-là, je ne peux pas douter de l'authenticité de ce que nous venons de faire.

— Alors ? Cette expérience ? finit-elle par me demander après un moment

— Incroyable. Et drôle ! Et tellement émouvant ! Merci, Chiara. Mais dis-moi, comment ça se fait qu'il a vu tout d'un coup les changements chez sa copine ce midi alors qu'il ne les avait pas vus depuis 12 ans ?

— Eh bien, c'est ça, être coincé dans ses émotions. Il reste dans l'état d'esprit du moment de la mort. Jusqu'à ce que quelque chose lui révèle que la situation a changé, et c'est ce que tu as fait avec lui. Là, les yeux décillés, il voit vraiment, il sort de son fantasme émotionnel. Tu comprends ?

— Mais il a perdu un temps fou ! 12 ans, c'est long !

— Pas pour lui : coincé, c'est un instant qui dure tout le temps, mais ça n'est qu'un instant.

— Sa grand-mère a dit qu'elle l'attendait depuis un moment, pourtant ?

— Oui, j'ai entendu ça. Elle, avait peut-être senti la faille entre un instant où il devrait être là, et un instant où il n'y est pas. Le temps n'existe pas, de l'autre côté, ce qui rend le sujet « temps » un petit peu difficile à débattre… et très surréaliste ! Et je n'ai pas de réponses à toutes les questions, je te l'ai déjà dit.

Par contre, ce qui est rassurant, c'est qu'il y aura toujours un moment où la sortie de cet instant « *girate maneggio* » est possible. (Et en disant ça, elle fait le geste avec sa main d'un manège qui tourne en rond, ce qui rend toute traduction inutile).

≈

Chiara, bien rentrée chez elle, m'a tout de même laissé un drôle de bagage encombrant, avec toutes ces histoires. La lecture assidue de nombreux livres, pour mieux comprendre, en savoir plus, me permet de mettre d'autres questions et d'autres réponses dans l'ordre. Et de commencer à donner du sens à tout cela.

Je ne suis pas hostile à l'existence d'une vie après la mort, j'en ai toujours été convaincue intimement. Mais cette manifestation de vie « entre deux eaux », ni vraiment partie, ni vraiment arrivée de l'autre côté, c'est quand même très dérangeant. Alors je ne suis pas forcément prête à y faire une place dans ma pratique quotidienne. « Passeuse d'âme », même si c'est très émouvant, ça reste compliqué pour moi. Et je ne suis toujours pas médium.

C'est oublier bien vite que la vie est têtue, et qu'elle sait ce qu'elle fait. Une fois ce genre de découvertes amorcées, il est bien rare que la vie se contente d'avoir entr'ouvert le livre. Il devait donc arriver plus ou moins bientôt des occasions pour moi de faire de nouvelles expériences, afin de continuer le chemin de formation que la vie avait prévu pour moi, sans trop me demander mon avis, mais d'une façon très généreuse, je ne tarderai pas à le découvrir.

Je ne devrais pas être prise au dépourvu ! Et pourtant...

CINDY

On est en milieu d'après-midi, je reçois Cindy, une jeune femme obèse qui a tout essayé pour perdre du poids, sans succès. Elle veut donc tenter l'hypnose.

Par rapport à ce qu'elle m'explique, avec tout ce qu'elle a entrepris jusque-là, et en fonction de mes connaissances et compétences du moment (je m'astreins à me former tous les ans un peu plus), je décide de travailler avec elle en utilisant les signaux idéo-moteurs. Clairement, cela signifie que je vais inciter son inconscient à dialoguer avec moi en utilisant les micromouvements inconscients des doigts : l'index main droite, veut dire oui, l'index main gauche, veut dire non. Les deux en même temps : je ne sais pas.

Il va de soi qu'avec un vocabulaire aussi limité, nous n'allons pas refaire le *Dialogue des Carmélites*. Il est juste question de poser des questions dont les réponses attendent un oui ou un non.

Et il est important de bien poser les questions, afin que les réponses soient claires. Tout un art.

Une fois Cindy installée dans une transe hypnotique confortable, les deux mains à plat l'une à côté de l'autre pour que j'observe assez facilement « mon interlocuteur », je commence.

— Est-ce que l'inconscient de Cindy accepte de dialoguer avec moi ?

— Oui, me dit un mouvement léger de l'index droit.

— Est-il conscient que l'obésité de Cindy est une difficulté pour elle ?

— Non, remue l'index gauche assez visiblement.

Ah bon ? Bizarre.

Je continue.

— Cette obésité est donc un vrai problème pour Cindy. Est-ce que son inconscient est d'accord pour se défaire de cette obésité, si on voit les modalités ensuite ?

— Non.

Comment ça, non ?

Je n'ai jamais vu un inconscient qui se met en travers de la personne de cette façon ! Peut-être que la question est mal posée, alors ? Je repose mes questions sous d'autres formes verbales, avec d'autres mots, et toujours cette même réponse : *non, non, non, et non.*

Très embarrassée, prise de court, je ramène Cindy les yeux ouverts, et elle est tout émue, presque en larmes.

— Ca veut dire que mon inconscient ne veut pas que je me défasse de cette obésité ? Ça veut dire que mon désir profond c'est de rester comme ça ? Mais c'est impossible ! me dit-elle, incrédule et déprimée.

Ma pensée ne fait qu'un tour.

— Attendez, j'ai une autre idée, lui dis-je. On va essayer autre chose.

Elle se laisse gentiment replonger dans sa transe hypnotique, et je reprends le dialogue sur un ton nouveau.

— Y a-t-il quelqu'un d'autre que Cindy et moi, ici ?

— Oui, me manifeste l'index droit de Cindy.

Et zut.

J'avais raison. Je fais quoi, maintenant ?

Je reprends sur l'étagère les notes que j'ai prises de toutes mes conversations avec Chiara, et le livre d'Édith Fiore que j'ai lu depuis. Ok, je vois bien qu'il va falloir passer par là, mais... Mais en attendant, je n'ai rien expliqué de tout cela à Cindy, bêtement. Je n'ai pas « tâté le terrain », et je n'ai aucune idée de ses croyances en matière de vie après la mort ! Si je pars dans cette direction, ne risque-t-elle pas de se lever et partir en courant en pensant que je suis cinglée ?

En même temps, parti comme c'est, j'ai assez peu le choix.

Je respire profondément et je reprends.

Vous êtes un homme ?

— Non.

— Une femme ?

— Oui.

— Vous êtes là depuis longtemps ?

— Oui.

Je prends à nouveau une grande respiration, émettant des vœux pour que Cindy ne réagisse pas.

— Vous savez que vous êtes morte ?

— Oui.

— Vous ne voulez pas partir vers la Lumière ?

— Non.

— Vous avez peur ?

— Oui.

— Je comprends. Je vais prendre la main de Cindy dans la mienne ; sentez comme ma main est bienveillante, voulez-vous, et alors vous pourrez décider de me faire confiance, d'accord ?

Je mets autant de bienveillance et d'amour inconditionnel qu'il m'est possible dans ma main, en repensant à ce que disait Chiara : ce sont des âmes perdues. Parfois, elles ont peur. Elles ne veulent pas rejoindre la Lumière car elles ont peur d'être jugées pour leurs actes, après avoir fait leur « revue de vie », où elles vont revivre tout ce qui s'est passé au fil du temps, leurs erreurs, les souffrances infligées à autrui... Alors elles restent là. Elles sont comme de petits enfants, qui ont peur d'être punis, qui ont besoin d'être rassurés.

Après un moment, je demande :

— Acceptez-vous de me faire confiance ?

— Oui.

— Merci.

Alors je parle. J'oublie complètement Cindy, dont je tiens toujours la main. Je parle et je raconte la Lumière, les guides qui ne jugent pas, et qui attendent avec impatience et bienveillance d'accueillir celle qui a eu le courage d'affronter une vie terrestre, et qui revient enfin « à la maison » dans la Lumière. Je parle de ceux et celles qui l'attendent et sont venus la chercher. Je parle comme on parle à un enfant pour l'apaiser. Et finalement, je lui demande :

— Acceptez-vous d'y aller ? Si ça ne vous plaît pas, je vous promets, vous n'aurez qu'à revenir dans une semaine, disons, d'accord ? Vous allez juste visiter...

— Oui.

Je laisse passer quelques minutes. Puis je repose la question :

— Y a-t-il quelqu'un d'autre que Cindy et moi ici ?

— Non, me répond son inconscient, avec un geste presque imperceptible (ce que je reconnais davantage comme un geste inconscient, par rapport aux grands mouvements générés par l'âme errante précédemment)

Soupir d'aise.

L'heure y est passée… Je ramène Cindy de sa transe hypnotique.

Elle est toute chamboulée. Rassurée, surtout, en fait.

— Alors ça veut dire que ce n'était pas moi, n'est-ce pas ? *Ce n'était pas de ma faute ?*

Bouleversée, et rassurée, parce que non, *ce n'était pas sa faute si elle restait grosse.*

À ce moment-là, je prends conscience que Chiara a raison : on ne peut pas passer à côté de ces situations « bizarres » en faisant comme si elles n'existaient pas. Elles peuvent apporter un sens précieux à une situation. La preuve.

≈

Ça ne suffira évidemment pas pour faire de Cindy une jeune femme amincie. Mais cette expérience est la première que j'affronte toute seule… Avec l'appréhension de la réaction de ma jeune patiente d'une part, et d'autre après, cette certitude nouvelle et saugrenue : oui, c'est cela qu'il faut faire, parfois !

Le soir-même, j'appelle Chiara pour lui raconter cette aventure imprévue. Elle m'encourage encore. Et me raconte de nouvelles histoires. Les voici.

YOUSEP

— Yousep est un bébé de 22 mois dont j'ai déjà vu la maman plusieurs fois, et j'ai remarqué que cet enfant a une très grande ouverture de perception. En clair, il voit l'invisible, comme beaucoup de petits avant 7 ans, et en plus il est télépathe ! Je me souviens par exemple de cette séance où Yousep a mordu sa sœur pendant que je parlais avec la maman : elle lui dit qu'il ne faut pas le faire, que ça fait mal, enfin, ce que disent habituellement les mamans, et elle ajoute que lui, il n'aimerait pas qu'on le morde. Et à ce moment-là, le gamin plante ses dents dans son propre bras et me regarde de ses yeux noirs en me disant par télépathie *« Elle va être contente, c'est le mien que je mords ! »*... Bon petit caractère !

Bon, ce jour-là, la famille vient de déménager dans une nouvelle maison, et la première nuit est très très difficile : Yousep hurle et refuse de dormir. Rien n'y fait, les câlins, les promesses, et même les menaces de le laisser tout seul, il redouble de hurlements !

À 21 heures, la maman m'appelle en désespoir de cause, pour avoir un conseil, et je vois clairement que la chambre du petit abrite un hôte indésirable, qui, de surcroît, n'a pas la mine très engageante. Il fait très peur au bébé. Je n'explique pas ça en vrac à la maman, avec laquelle je n'ai jamais abordé ces questions, mais je lui dis qu'il y a une pollution énergétique dans la maison et que je m'en occupe tout de suite à distance.

Elle doute au téléphone, je la laisse douter. Et au moment où je vais pour lui dire « ça y est, j'ai terminé », Yousep se tait. Il pose enfin des yeux calmes sur tout ce qui l'entoure, et ne dit plus rien. La maman le recouche, bluffée.

Ce qui me rappelle également l'histoire de mon neveu, je t'ai dit qu'il avait du potentiel aussi, lui, avec le don qu'on tient tous de la mama... Un soir, quand il avait environ 3 ans, sa sœur est venue chercher leur maman au salon, parce que le petit ne voulait pas dormir et faisait un foin terrible. Quand ma sorella est arrivée dans la chambre, elle a vu son bambino debout dans son lit, le doigt pointé en direction d'un coin de la pièce où elle a pu identifier aussi un défunt resté là, et le bambino disait à haute voix d'une façon vindicative, en le montrant du doigt : « *— Toi, t'es moche ! Va-t-en !* »

CAROLINE

— Quant à Caroline, c'est une jeune femme qui était déjà venue me voir pour se défaire d'une mauvaise habitude de grignotage avec l'hypnose, me raconte Chiara ensuite. Un classique. Mais ce jour-là, Caroline avait une demande différente : « *Je me sens bizarre. Je suis devenue hyper colérique depuis que j'ai emménagé avec mon copain — pourtant, on a tout pour être heureux ensemble, et j'avais hâte !- Et puis c'est étrange parce qu'au moment où j'agresse les gens, c'est comme si je me demandais en même temps pourquoi je le fais, et je ne sais pas répondre. Je suis folle, vous croyez ?*

En tout cas, mon copain, lui, il va finir par se tirer, c'est pas marrant. »

Non, évidemment, elle n'est pas folle. Elle héberge simplement une petite fille qui avait vécu à l'étage au-dessus au début du siècle dernier, et dont la mère devait traîner quelque part aussi d'ailleurs. Et cette petite fille est morte en grande colère. Et elle l'est toujours. C'est elle qui affiche ses colères à travers Caroline. Sur tout ce qui bouge autour. Et Caroline est « utilisée », et elle s'en rend pratiquement compte quand elle dit que ça se fait sans qu'elle sache pourquoi, et en se sentant calme à l'intérieur malgré la colère qu'elle montre !

J'ai fait partir la gamine, et Caroline, qui est très sensible, a ressenti un spleen à l'idée qu'elle était partie, comme un vide. Il faut dire qu'elle s'était sentie attendrie par cette colère de petite fille… Mais sa vie s'en est quand même trouvée améliorée très rapidement, termine Chiara.

— Cette fois, c'est à moi de raconter ! Tu sais quoi ? J'ai demandé à Jacques, un patient, de me mettre par écrit les choses qu'il a du mal à me dire en face en thérapie. Et regarde comment il a terminé son mail.

De Jacques V.
À Claire Burel

[….]
« … Reste quelques bizarreries qui pourraient faire croire à d'autres qu'ils sont fous.

Lors du décès de Myriam, la maman de Martine, nous avons récupéré quelques objets, dont une perceuse. L'autre jour, alors que j'utilisais cette perceuse, j'ai senti que j'étais en compagnie d'une « Mimi ». Je ne la voyais pas, mais je sentais qu'elle était là, juste à côté de moi. J'avais pas peur, j'étais juste un peu surpris de sa présence. Je n'ai rien dit à Martine au départ pour ne pas la blesser, mais au cours d'une conversation un soir, alors qu'elle parlait de sa mère, je lui ai demandé si Mimi n'était pas le surnom de sa mère.
Alors certes, Mimi pour Myriam… fallait pas être médium.
Je lui ai dit que sa mère était là, cet après-midi-là, avec moi, sur la berge. [NDLR : Le mari de Martine bricolait sur un bateau]
Elle a eu une légère hésitation puis m'a souri en me disant « Ben oui… elle sait pas nager ! » et ce n'était ni agressif, ni moqueur… »

— Tu vois, Chiara, je connais bien Martine, elle a aussi des perceptions très fines parfois, et sa répartie me fait rire, mais ne me surprend pas. Par contre, ce qui me surprend, c'est que Jacques ait osé m'en parler, alors qu'il dit lui-même que d'autres pourraient prendre ça pour de la folie...

— Et ça t'étonne que tes patients sentent qu'ils peuvent te faire confiance ? m'assène Chiara d'un air serein.

— Ah, ok, vu comme ça... !

— Allez, je te raconte ma petite dernière histoire du jour ? Je parie qu'elle va te faire bondir...

— Ah ! Trop dit ou pas assez ! Vas-y, raconte...

JOHANN

— Johann, lui, il vient me voir pour arrêter de fumer. Comme tu sais, je passe une partie de la première séance à récolter beaucoup d'infos pour faire du travail personnalisé. Et là, j'apprends que Johann est diagnostiqué schizophrène avec médicaments depuis 3 ans, quand il s'est mis à injurier tout le monde régulièrement et dire des mots orduriers à n'importe quel moment, en expliquant qu'il ne le fait pas exprès, que ça sort de sa tête, et que c'est plus fort que lui. Avec ce diagnostic, il a des médicaments à vie. Et dans son boulot, (il est élagueur) il est cantonné au sol, car eu égard à ses médicaments, il y a des choses qui lui sont interdites, et il le regrette, il aurait bien aimé grimper dans les arbres. Avec sa copine, c'est allé si loin dans la malveillance verbale qu'il lui est désormais interdit de la voir, et ça aussi, il a du mal à l'encaisser :

Je ne vais pas te surprendre, j'ai trouvé une espèce d'entité négative chez lui, qui a envie d'en découdre avec toute la planète. Je l'explique à Johann, et lui propose de l'en débarrasser pour qu'il retrouve une vie normale. Ça lui a fait écho, quand je lui explique, et je le laisse réfléchir à ça, on doit de toute façon se revoir huit jours après pour sa deuxième séance de tabac. Comme tu sais, on ne peut pas agir pour quelqu'un sans son consentement, c'est éthique.

Huit jours après, il revient, et me dit non.

— Non ?!! Tu lui proposes de retrouver une vie normale et il te dit non ?!

— C'est ça. Pour une raison toute simple : avec la schizophrénie, il est inscrit à la COTOREP, et c'est comme ça qu'il a eu un boulot. Et c'est son argument massue : il a du boulot. Il a trop peur d'être au chômage, résume Chiara.

Il y a un blanc dans notre conversation. J'ai du mal à accepter la décision de Johann, et en même temps, elle peut sûrement se comprendre, de son point de vue. Une sorte de rage à l'intérieur de moi veut crier « Soyez acteur de vos vies ! Ne laissez jamais personne, mort ou vivant, décider à votre place, et vivez comme si tout était possible, dès aujourd'hui, pas demain »... mais je ne crierais pas assez fort pour que Johann m'entende depuis l'autre bout de la France. Est-ce pour cela que je ne dis rien ? Depuis, je n'ai de cesse de propager auprès de mes patients cette idée-là : VIVEZ, soyez LIBRE, n'attendez pas votre vie, devancez-la !

LE SUICIDE

— Chiara, je peux te poser une autre question ?

— Dis-moi ?

— **Et le suicide, alors ?**

— Le suicide, c'est important de comprendre ce qui s'y passe, tu as raison de poser la question. Beaucoup de gens croient qu'en se suicidant on va oublier ses problèmes.

En fait, et les exemples que je t'ai déjà donné le montrent depuis le début, ça va être tout le contraire :

les pensées des problèmes qui ont abouti au suicide restent présentes en boucle ensuite. Et comme on n'est plus « sur le même film » que les problèmes auxquels on continue à penser, on n'a plus moyen de faire quoi que ce soit pour les résoudre, ce qui ne simplifie pas les choses.

Se suicider, souvent, est encore une occasion de ne pas savoir que l'on est mort. Et le risque est de rester « longtemps » coincé dans les réalités qui nous ont fait souffrir avant la mort et poussé au suicide. Donc on obtient exactement le contraire de ce qu'on voulait. Ce sont d'excellentes raisons pour éviter de se suicider, et je ne manque jamais de le dire et le répéter.

Ce n'est même pas une question de morale, tu vois, du genre : « *Quand on voit comme la vie est précieuse, on n'a pas le droit d'y mettre fin soi-même* », ce qui est par ailleurs tout à fait exact, et c'est ce que nous disent les personnes qui sont revenues après une expérience de mort imminente…

Ce n'est même pas non plus « *si tu es encore en vie, c'est que tu n'as pas fini ton chemin et tes expériences, et si tu mets fin à tes jours, il faudra que tu reviennes vivre une nouvelle fois ces mêmes problèmes une prochaine fois dans une autre vie* », ce qui est vrai aussi et nous est témoigné également par les expérienceurs de mort imminente… Tout ça, c'est vrai.

Mais au moment d'un suicide, on n'en a rien à faire, de ça. Par contre, voilà : ça ne sert à rien de se suicider, on garde les problèmes et on ne peut même plus s'en défaire, on est coincé avec : ça, c'est l'*argomentazione* principal ! *Come dici ? Ah si*[6] : « THE argument anti-suicide majeur ». Et véridique.

Et c'est flippant pour ceux qui croient qu'il n'y a rien derrière : le doute s'insinue.

Autant, pour les gens qui ont juste peur de la mort, je leur propose toujours d'imaginer qu'ils peuvent avoir une bonne surprise en découvrant qu'ils sont toujours vivants, puisque la vie ne s'arrête jamais. Autant les gens qui pensent au suicide, je le leur présente plutôt comme le côté qui va ruiner leur projet de tranquillité : ce n'est pas une bonne idée, le suicide. Ça ne résout pas les problèmes, ça les multiplie. Pour le défunt. (Et je ne parle même pas des vivants.)

≈

— Chiara, que faire pour éviter, pour nous et nos défunts, d'être bloqués dans cette « Nuit Des Temps » des âmes errantes ?

— Une personne qui décède de façon inattendue, ou trop rapide, n'a pas forcément le temps de se « mettre à jour » avec ce qui lui arrive.

En le sachant, nous pouvons, si cela nous arrive un jour, nous poser alors les bonnes questions. S'il s'agit de l'un de nos proches, nous pouvons l'aider.

Mourir, c'est à peu près aussi peu acrobatique que de passer la porte de la cuisine et se retrouver dans le couloir. Autant dire, on peut vraiment ne même pas s'en apercevoir !

---

6 - L'argument majeur. Comment tu dis, toi ? ah, oui :

Croire qu'on est encore vivant alors qu'on est mort, est source de souffrance, car on ne comprend pas pourquoi on se retrouve seul, sans que les autres (les vivants, qu'on voit) ne nous adressent la parole. Se sentir transparent sans savoir qu'on l'est, c'est souffrir d'un sentiment d'abandon, d'indifférence, qui nous bloque.

Mais comme on l'a vu, il y a plusieurs autres raisons de ne pas accéder à la Lumière, dont, par exemple, le fait de ne croire à rien de son vivant.

Ainsi que la difficulté de se détacher de nos histoires humaines, et des émotions qui vont avec. Sans compter la peine des proches à laisser partir le défunt !

La démarche essentielle que je vais détailler ci-dessous, peut donc aider tout le monde, en apaisant les vivants en deuil, et en libérant le défunt.

Lorsqu'on « perd » un proche c'est important de lui parler — dans sa tête, dans son cœur, comme vous avez vu dans les histoires précédentes : si vous vous adressez vraiment à un défunt, même silencieusement, et où que vous soyez, il vous entend.

Il faudra d'abord lui expliquer ce qui s'est passé, pour qu'il prenne conscience qu'il est mort. Cela pourra aussi être apaisant d'évoquer les émotions de ceux qui restent, et oser dire qu'on ne voulait pas que ça se produise, qu'on en veut à l'Univers tout entier de ce décès, dire tout ce que cela change maintenant pour ceux qui restent : en exprimant tout cela, on permet au défunt de « se mettre à jour », tout en commençant notre propre processus de deuil.

Si vous pensez que votre défunt peut avoir peur de cette situation nouvelle pour lui *(peur d'être jugé, peur parce qu'il aurait des choses à se reprocher, peur de se retrouver seul, peur de disparaître, peur parce que ça ne ressemble pas du tout à ce qu'il pensait de la mort...)* alors prenez le temps de lui parler comme on rassure un enfant, en lui disant à quel point nos Guides sont heureux de l'accueillir : les humains sont si courageux de faire cette expérience de la vie terrestre ! Les Guides savent que c'est difficile. Ils sont extraordinairement bienveillants et aimants.

Après toutes ces étapes, c'est le moment de guider le défunt en lui conseillant de chercher la Lumière autour de lui.

Tout ce qui ressemble à une Lumière Vive et Bienveillante, sans être éblouissante. Ou un *Tunnel de Lumière* aussi...

Qu'il la voie ou pas, on peut aussi lui recommander d'appeler ceux qui sont décédés avant lui, autres membres de la famille, amis, même des arrière-grands-parents qu'il n'aurait pas connu : il va les reconnaître instantanément, car nous partageons toujours avec les mêmes familles d'âmes, et c'est inscrit au plus profond de nous comme une véritable reconnaissance mutuelle. Ou encore vous pourrez, vous-même, appeler ses Guides de Lumière ou ses défunts pour qu'ils viennent le chercher.

Enfin, pour ma part, j'ajoute toujours une suggestion que si « là-bas » ne leur plaît pas, nos défunts pourront revenir ici dans huit jours. En fait, ils se sentent si bien là-bas une fois « partis » qu'ils ne reviennent jamais. Mais ils sont rassurés d'y être autorisé au cas où !

Lorsqu'un défunt est guidé de cette façon, il peut atteindre la Lumière. Il ne sera plus une âme errante. Il aura alors accès à son « énergie divine ». Il pourra d'ailleurs revenir vous voir, vous guider ou vous protéger, tout devient possible dans l'au-delà.

Enfin, j'évoque le cas des personnes en fin de vie, qui « s'accrochent » malgré leur épuisement ou leur souffrance. Par amour pour eux, autorisez-les à s'en aller quand ils veulent, pour rejoindre cette paix qui les attend. Sans oublier de les remercier de ce qu'ils ont apporté à votre vie. Et évoquez avec eux, pourquoi pas, toutes les réussites qu'ils ont vécues, en un bilan positif et éclairé.

S'ils s'accrochent par peur de l'inconnu ou du néant, alors parlez-leur de ces expériences que vous avez lues ici, pour leur donner l'espoir de leur nouvel avenir, et la paix intérieure qui l'accompagne.

Pour vous-même, enfin, inspirez-vous de tout cela, et inscrivez dans votre cœur toutes ces possibilités.

Ainsi, si un jour votre décès vous prend par surprise, vous saurez plus facilement réagir et prendre conscience de votre nouvel état. Vous saurez chercher la Lumière et vous y diriger, ou appeler ceux des vôtres qui vous ont précédé.

La mort vous demandera simplement de lâcher le côté humain ou matériel de la vie terrestre, comme vous avez su passer de l'école primaire au collège :

avec la conscience que vous devenez plus grand, et que ce qui est derrière vous est à sa place et ne vous concerne plus vraiment.

Enfin, il est toujours possible de se mettre d'accord avec un proche pour continuer à communiquer ensemble « après ». Vous pouvez décider une sorte de « mot de passe » concret, qui vous permettra d'identifier que c'est bien une communication entre vous. Par exemple, imaginons que vous vous mettez d'accord sur une plume. Après le décès de l'un de vous deux, celui qui est resté pourra observer à quel moment une plume viendra lui apporter un message de présence.

Ainsi, Stéphane Allix raconte, dans « *La mort n'est pas une terre étrangère* », comment un papillon lui a donné cette certitude de la présence de son frère défunt à ses côtés.

Philippe Ragueneau, lui, fait fort, puisqu'il a retrouvé son chéquier perdu grâce à son épouse défunte...

La vie ne s'arrête jamais. Alors on se retrouvera, un jour ou l'autre, c'est sûr.

Cette chanson émouvante, dont je vous présente un extrait, est un accompagnement tendre du deuil. Vous pourrez l'écouter sur Youtube, et la laisser bercer votre peine…

Il manquait un ange…

Au sommet des églises quand la nuit est tombée
On entend certains soirs une cloche tinter
Est-ce un ange en passant qui la frôle des ailes ?
Est-ce un pigeon perdu, ou quelque tourterelle ?
Au sommet des églises, quand la nuit est tombée
On entend certains soirs une cloche tinter

Il manquait un ange aux jardins du Paradis
Il manquait un ange, c'est pour ça qu'il est parti
[…]

TEXTE DE D. DEFILIPPI

Mis en musique par Dominique Faricier
Chanté par les Petits Chanteurs de Saint Marc sur le CD « Nos Rêves »/ Wagram
Site : lespetitschanteurs. com
Retrouvez cette chanson en musique et en images à l'adresse suivante :
https://vu.fr/TNwO

QUAND LES DÉFUNTS NE LÂCHENT PAS LES VIVANTS

On a fait le tour de la question des défunts, cette fois. Tranquille. Je ne m'attends donc pas à ce que des surprises supplémentaires et incongrues surviennent.

J'ai tort.

C'est comme si, ayant accepté de découvrir cet univers si particulier dont Chiara a entrouvert la porte pour moi, j'ai accès dorénavant à d'autres domaines de découvertes, tous plus surprenants les uns que les autres.

Beaucoup de ces expériences, c'est Chiara qui me les a racontées, et je la connais assez pour savoir qu'elle me parle cœur à cœur, sans broder autour d'histoires déjà suffisamment incroyables. Sa modestie ne cherche pas la surenchère, mais l'authenticité et, je l'ai découvert par la suite, une forte attache spirituelle qui rencontre la mienne. D'autres expériences font partie maintenant de mon vécu, en vertu de cette

« formation accélérée » que la vie m'a offert dans toutes ces circonstances que je ne peux pas éviter. Toujours accompagnée par mon amie Chiara si j'en ai besoin.

≈

C'est au coin du feu, à nouveau, si propice aux confidences, que nous passons la soirée ce jour-là, après une journée de randonnée dans une atmosphère fraîche d'hiver débutant, et un dîner savoureux. La traditionnelle poignée de pommes de pin craque dans le feu. Entre les vivants crépitements et les petits jaillissements d'étincelles qui attirent nos yeux et nos oreilles, nous profitons d'un moment de silence recueilli et joyeux. C'est finalement Chiara qui rompt le silence.

— Tu es prête pour un autre voyage de découvertes ? demande-t-elle par principe, sa décision d'en parler étant prise.

— C'est parti ! embrayé-je en tendant les mains aux flammes. Je m'attends à tout.

MAL À L'ESTOMAC...

— La semaine dernière, j'ai revu un de mes patients que je connais bien. Il se plaint de douleurs horribles au niveau de l'estomac. C'est un type très spécial, pas toujours facile à suivre. En vrac, j'apprends qu'il voue une haine sans nom à son père décédé depuis 20 ans.

— Ah ! Tu vas encore me parler de défunts, je te vois venir, plaisanté-je.

— Exact. Figure toi que je le « vois », son père. Il est collé sur les épaules du fils, et ils me parlent tous les deux en même temps. Lui me dit qu'il s'en veut d'avoir été un mauvais père, mais son fils est si remonté contre lui qu'il n'arrive pas à être en paix dans son au-delà. Il voudrait que je demande au fils de lui pardonner, parce qu'il ne peut pas évoluer en restant coincé dans ces regrets.

— Et tu as pu transmettre ça au fils ?

— Pas du premier coup. Je l'ai vu plusieurs fois. J'ai fini par pouvoir lui en parler, oui, après de nombreux recadrages remettant en cause tout ce qu'il avait à reprocher à son père, histoire de changer son regard de haine, au moins en regard de doute… J'avais une raison supplémentaire valable à lui donner : Cette douleur qu'il avait à l'estomac, je le voyais, c'était son père qui la lui provoquait en lui tordant les boyaux, au sens propre !

Et je vois Chiara accompagner ses paroles d'un mouvement de torsion d'une main énergique aux doigts refermés et bien serrés.

— QUOI ?! Mais qu'est-ce que tu me racontes Chiara ?! Mais c'est… n'importe quoi ?!

— Je t'assure. Je le voyais. Il avait le bras passé au milieu de l'estomac de son fils, et à chaque fois que le fils disait avoir mal à l'estomac, je voyais les mains du père serrer les boyaux, je te jure. Étonne-toi que les médecins ne voient pas ce qu'il a ! sourit-elle.

Je pousse un gros soupir. Comment croire ça ?

Et en même temps, où trouverais-je des arguments pour assurer fermement que ce soit possible ou impossible ? Qui suis-je pour être sûre que c'est possible ou pas ? Incroyable, oui, certes, avec mes critères humains. Mais justement ce ne sont pas des histoires d'humains. Alors après tout... qui peut vraiment savoir ? !

— Et alors, tu as fait quoi ? je demande avec brusquerie.

— J'ai fini par obtenir, hier, qu'il accepte un travail de deuil avec l'hypnose, pour faire la paix. il était un peu allergique au mot paix, mais bon, ça s'est fait. J'ai blindé ma séance, crois-moi ! Et dans cette paix, il y avait une libération du papa, à défaut d'un pardon que je savais qu'il ne donnerait pas. Résultat, j'ai pu guider ensuite le papa vers la Lumière, et... tu sais quoi ? Mon client n'a plus mal à l'estomac. Il m'a appelé tout à l'heure pour me le dire.

— Ta-daaa ! bravooooo, ma sorcière bien-aimée... !

Je me lève d'un bond et mime un salut plongeant.

Chiara me regarde avec indulgence.

Je la regarde plus sérieusement, et reprends :

— Donc, nos défunts sont quand même potentiellement très casse-pieds ? Voire dangereux ?

— Les défunts ne doivent pas partager la vie des vivants ; ce n'est pas du tout prévu pour. Et oui, ça peut être très dangereux.

— Euh... à ce point-là ?

Chiara me regarde d'un air grave.

— Oui. Plus encore.

— Brrr, tu me fais frissonner. Tu as une histoire là-dessus, je parie.

— Plusieurs !

Je remets une bûche au feu, et me cale dans mon petit fauteuil, prête pour une histoire, ou cent.

Et en même temps, j'ai quand même un peu peur de ce que je vais entendre.

Et là, je n'ai pas tort.

ANGÉLO ET SON PETIT COPAIN

— Je t'ai déjà parlé de ma sœur Angélina ? me demande Chiara. La *mia piccola sorella*[7], elle a trois ans de moins que moi, et deux enfants adorables de 4 et 7 ans... Elle est divorcée. Ce que je vais te raconter s'est passé l'an dernier.

Elle était dans sa petite maison, un soir, et entendait bavarder son petit garçon de 3 ans alors qu'il aurait dû dormir depuis longtemps. Elle va voir sans bruit, et le trouve endormi dans son lit. Deux fois, le même manège se reproduit. Alors la troisième fois, elle retourne voir de plus près, et elle voit un petit garçon défunt en train de jouer et bavarder à côté du lit de son petit Angelo, et Angélo, réveillé cette fois, lui répondait tout bas aussi.

Elle recouche son bambin et dit à l'autre d'aller dormir. (Ah oui, ma sorella, elle a le même don que la Mama et moi, donc elle l'a vu, le piccolo, un petit gars de 4 ou 5 ans en pantalon marron avec un pull rouge.)

7 - Ma petite sœur.

Le lendemain, elle en parle à Angélo (euh, lui aussi, l'a, le don, et sa sœur aussi. Qui plus est, de toute façon, ils ont encore l'âge, ajoute-t-elle, énigmatique.) Bref, elle dit à Angélo qu'il ne doit pas jouer avec des petits défunts. Et Angélo râle : « C'est mon copain, on joue ! » En guise de copain, le petit joue avec lui tous les soirs, et dans la journée, il se cache sous le lit d'Angélo, me dit Angélina. Elle trouve ça mignon, alors elle ne dit rien.

Mais quelques jours après, les deux enfants de ma sœur vont chez leur père pour les vacances. Et là, le troisième jour, le père appelle ma sœur, il ne sait plus quoi faire :

« Qu'est-ce qui se passe, avec Angélo ? Voilà trois jours qu'il ne mange plus rien, qu'il hurle qu'il a mal au ventre, et la nuit il se réveille en hurlant, il regarde droit devant on dirait qu'il voit des fantômes : Dis-moi, qu'est-ce qui se passe ? »

Il avait emmené l'enfant aux urgences dans la journée, et les médecins n'avaient rien trouvé. Il était terriblement inquiet. Par contre, il était hors de question de lui parler de défunts ou de quoi que ce soit de ce genre : il n'était pas là-dedans du tout.

Alors Angélina et moi, avons regardé à distance ce qui se passait. Je te passe les détails, mais le petit garçon était au chevet d'Angélo, et le regardait souffrir. Ma sœur lui a dit « Que lui as-tu fait ? Je t'interdis de faire du mal à mon petit garçon ! ». Et le petit a répondu « C'est mon copain. Je lui montre comment je suis mort. J'ai eu très mal au ventre, et après, j'étais mort, et après, j'étais bien. »

J'ouvrais de grands yeux, affolée par ce que j'entendais

— Ce n'est pas... possible ? Ça n'aurait pas été jusque-là, quand même ?

— Tu sais quoi ? me dit Chiara, le regard sombre, *on n'a pas eu envie de le savoir.* À nous deux, on a cherché la mère du petit garçon. Car il faut que tu saches que lorsque les enfants défunts restent près de la Terre, c'est parce que l'un au moins de leurs parents est aussi une âme errante. Sinon, les enfants vont tout droit dans la Lumière.

Nous avons donc cherché et appelé la mère de l'enfant, qui ne voulait pas se montrer. J'ai proposé à Angélina de faire autrement. J'ai appelé le petit. Je lui ai dit de venir voir ce qu'il pourrait montrer à sa maman, où ils seraient bien tous les deux. Et je lui ai montré la Lumière et un escalier qui y mène. *« Appelle ta maman »* lui ai-je demandé, *« et invite là à y aller avec toi ».*

Nous avons entendu l'enfant appeler sa mère, et lui dire de venir avec lui voir cette belle lumière. Elle ne voulait pas y aller. Il a insisté. Il l'a tirée par la main, et l'a entraînée pour qu'elle monte l'escalier avec lui. Et en haut de l'escalier, alors qu'il y avait un océan lumineux qui répandait un rayonnement fabuleux, Angélina et moi l'avons entendue juste dire *« Oooooooooh, c'est beau ! »* tandis qu'elle a plongé avec le petit dans ce halo extraordinaire. Ensuite, nous avons envoyé à son petit Angélo de l'énergie pour qu'il se remette de ses émotions. Le lendemain, tous ses troubles étaient terminés. Le papa était stupéfait et soulagé, et on n'a jamais eu besoin de lui expliquer, heureusement.

≈

Impressionnée, je laisse le silence de la fin de l'histoire s'installer. Puis la question s'insinue, presque malgré moi :

— Tu avais dit deux films superposés sans interactions possibles... Là, clairement, le petit défunt pouvait agir sur l'enfant vivant ?

— Oui. Comme dans l'exemple précédent du père et son fils.. Sans doute parce qu'ils *communiquaient vraiment*, consciemment, à travers le jeu pour les enfants, ou la haine pour l'autre patient et son père... Je suppose aussi que je n'ai pas toutes les réponses.

Mais tu sais, lorsqu'on met en garde les personnes qui veulent « jouer avec les esprits » à « faire tourner les tables », et ce genre de chose... Il faut VRAIMENT faire attention à ce qu'on fait consciemment. D'autant que, par un fait exprès, les esprits qui viennent dans ces cas-là, ce ne sont pas les plus élevés, ce sont vraiment ceux qui au contraire sont un peu en mal d'évolution, ou ont décidé de rester là pour agir sur les humains, s'amuser à leurs dépens, se venger, ou je ne sais quoi d'autre encore.

J'ai reçu une fois une jeune fille dont la vie était un cauchemar depuis qu'elle avait participé à une de ces soirées censées être amusantes. Malheureusement pour elle, elle était hyper réceptive, et a dû composer par la suite avec des manifestations au quotidien qui sont loin d'être réjouissantes, lui provoquant des peurs à répétition.

Tiens, comme l'histoire de Fabienne, la femme de ménage de mon amie Bernadette, que tu connais aussi...

Je hoche la tête, oui, je connais Bernadette, femme épatante et pleine de vie qui s'intéresse à tout et beaucoup à l'ésotérisme. Chiara me l'avait fait rencontrer lors d'une visite précédente.

— Que lui est-il arrivé ?

FABIENNE ET LA MAISON HANTÉE

— Fabienne est seule dans la vie, jusqu'au jour où elle rencontre un homme qui pourrait bien lui convenir, pense-t-elle. Elle est avec lui depuis 2 ans et demi, quand cette histoire arrive. En fait, ils ont décidé qu'ils allaient s'installer ensemble dans la maison de Denis. Qu'à cela ne tienne, Fabienne ne demande qu'à déménager, d'autant que Denis lui a proposé d'agrandir la maison pour créer une chambre destinée à son fils de 12 ans. Une belle façon d'accueillir son fils, que Fabienne apprécie beaucoup de la part de Denis.

En attendant le déménagement, Fabienne va régulièrement en week-end chez Denis, passer une nuit là-bas.

Le problème a commencé lorsque les travaux réalisés par Denis ont bien avancé, et que, ce samedi-là, ils ont clairement évoqué la prochaine arrivée définitive de Fabienne et son fils. Questions de meubles à mettre ici ou là, de déco, etc. Tout ce qu'il y a de plus normal, tu me diras...

— J'imagine même que ça a dû être un moment très agréable, avec un projet comme celui-là, opiné-je de la tête.

— Oui, tous les ingrédients étaient réunis... sauf que... Mamma mia ! Denis avait racheté la maison aux héritiers d'une voisine de sa mère. Il connaissait bien la maison et la vieille voisine, depuis tout petit, et il était heureux que cette maison soit dans son budget. D'autant plus que la maison de sa mère ayant été vendue pour payer sa maison de retraite, il croyait le village de son enfance perdu pour lui... et il le retrouvait grâce à cette maison-là. Bref. Ce qu'il ne savait pas, c'est que la vieille voisine, Danielle, qui était morte chez elle, était toujours là, dans la maison. Et non seulement elle était toujours là, mais elle ne supportait pas l'idée qu'une femme puisse s'installer dans sa maison à elle ! Le petit de la voisine, Denis, ok, en plus il était très mignon, cet homme. Mais une autre femme ? Dans SA maison ? Non !... Aussi, lorsque ce jour-là Denis et Fabienne faisaient des projets d'avenir incluant la maison de Danielle, celle-ci s'est, disons, « réveillée » pleine de l'intention de protéger sa maison contre cette intruse.

— C'est possible ça ? !

— Demande à Fabienne ce qu'elle en pense ! Elle est vaccinée, *la povera bambina*[8] !

— Il s'est passé quoi ?

8 - La pauvre petite.

Chiara se tait un moment, le temps de remettre les épisodes dans l'ordre j'imagine. Puis raconte.

— Eh bien ça a commencé dans la soirée, quand Fabienne a entendu le tic-tac d'une horloge comtoise. Elle ne se souvenait pas en avoir vue une, alors elle a refait tout le tour de la maison pour la trouver, et... il n'y en avait pas. Le bruit provenait de la salle à manger. Elle en parle à Denis qui lui dit que c'est là que la vieille dame avait mis son horloge dans le temps, mais que les héritiers l'avaient récupérée.

Surprise de Fabienne qui l'entend distinctement !

— Et Denis ne l'entendait pas, lui ?

— Je crois qu'il écoutait un match à la télé, dans la pièce voisine, et qu'il n'a pas eu trop envie de se déplacer pour ça.

— Ah !

— La suite, ça a été un peu plus tard, lorsqu'ils se sont couchés. Inexplicablement, quand Fabienne éteignait la lumière de la salle de bain, celle-ci se rallumait toute seule. Au point que Denis a râlé après Fabienne qui n'éteignait pas la lumière ! Fabienne ne comprenait pas ce qui se passait, mais comme elle est d'une nature simple et directe, elle dit juste *« Ça m'a un peu foutu la trouille quand même. Mais peut-être c'était juste à cause des travaux que deux fils se touchaient et Denis pourrait regarder le lendemain. »* Ce qu'elle lui a demandé de faire, en se couchant pour dormir.

Un peu plus tard, alors qu'elle allait s'endormir, elle a entendu des bruits, comme des coups frappés sur un plancher. Là, sachant que la maison n'est pas mitoyenne, et qu'ils n'étaient que deux dedans, elle s'est enfouie sous les draps. Quand elle en a parlé à Denis, le lendemain matin, il a juste dit qu'il n'avait rien entendu, et que ça n'était jamais arrivé avant.

Le dimanche, il avait promis à un ami de l'aider à bricoler le matin, aussi il est parti assez tôt, en laissant Fabienne toute seule chez lui... sans savoir qu'il la laissait avec Danielle ! Lorsque Fabienne a préparé le repas pour midi, le gaz s'éteignait tout seul dès qu'elle tournait le dos à la cuisinière. Elle a pensé que la bouteille de gaz était vide, on est à la campagne. Mais ce n'était pas le cas, elle a vérifié, évidemment. Elle s'est acharnée pour que son repas cuise avant le retour de Denis, et ça lui a semblé pénible : il faudrait que Denis fasse réviser sa cuisinière !

Puis Denis est rentré. Il a ouvert la porte d'entrée, l'a claquée derrière lui et est allé aussitôt se laver les mains puis s'asseoir à table. Fabienne terminait de remuer sa casserole de légumes, puis a éteint le gaz pour apporter le repas sur la table. Ils commençaient à manger, lorsque Denis lui a fait remarquer que ça sentait le gaz : aurait-elle oublié de l'éteindre correctement ?

Fabienne jura bien que non, elle a coupé le gaz en venant à table. Retour vers la cuisinière, où le bouton du gaz était grand ouvert, sans flamme. Fabienne le tourna à nouveau, mais son cœur battait la chamade, elle commençait à avoir peur, ça faisait trop.

Elle s'est dirigée vers la porte d'entrée, « *je vais aérer* » dit-elle, et là, au moment de mettre la main sur la clenche, elle a entendu distinctement le bruit du verrou qui se ferme, alors qu'il n'y avait pas de clé dans la serrure. Lorsqu'elle enclencha la porte, celle-ci ne s'ouvrit pas. « *Tu as refermé à clé derrière toi en rentrant ?* » demanda-t-elle à Denis. « *Bah non !* » a-t-il répondu avec un haussement d'épaule. « *C'est fermé, je ne peux pas ouvrir !* »

Je bouge sur ma chaise, je me sens mal à l'aise, j'interromps Chiara pour faire redescende la tension.

— C'est horrible, ton histoire ! Ça existe, ces trucs-là ? Je croyais que c'était seulement dans les films. Tu me fiches la trouille, là.

— Oui, ça existe ! Pas partout, pas tout le temps, heureusement. Mais je te dis, il ne faut pas jouer avec ça.

— Mais là, le coup de la porte, Denis l'a bien vu, non ?

— Eh bien non : lorsqu'il est arrivé à la porte, elle s'est déverrouillée silencieusement pour lui. Danielle n'avait rien contre lui, elle ne voulait juste pas qu'il ramène une femme chez elle, c'est tout.

— Alors il a dû la prendre pour une folle, sa Fabienne !

— Oui, complètement ; et Fabienne elle-même commençait à se demander si elle allait bien.

— Et comment ça s'est terminé, alors ?

— Eh bien après un grand nombre de week-end du même genre, et les réactions inconsistantes de Denis, Fabienne a déclaré forfait. Elle a quitté son ami Denis qui ne voulait pas la croire et dans la maison duquel il se passait trop de choses qui font peur. Entre deux, elle s'en est ouverte à Bernadette, car elle savait que Bernadette lisait beaucoup de livres d'ésotérisme, donc elle a pensé qu'elle, au moins, la croirait. Bernadette m'en a parlé pour voir si je pouvais aider Fabienne. Il a fallu la suivre deux bons mois pour qu'elle se rassure.

— C'est horrible, cette histoire ! Mais cette Fabienne est super-sensible, peut-être ?

— Sans doute. Et Danielle super-forte et déterminée. Il ne faut jamais jouer avec les défunts ! Allez, j'ai d'autres exemples... un plus gai ?

— Ah, oui, je préfère ! Brrrr...

MARGOT COMME UNE MARIONNETTE

— C'est une jeune fille, Margot, qui m'est envoyée de la ville voisine par une collègue qui pratique la Kinésiologie.

La jeune fille vient la voir depuis plusieurs séances, et elle n'arrive pas à régler son problème, qui est, il faut le dire, très particulier : lorsqu'elle va au lycée, où elle suit sa seconde, cette jeune fille perd régulièrement l'équilibre, ses membres semblent appartenir à une marionnette désarticulée et bougent dans tous les sens, et elle tombe. Impossible de prendre des notes. Ses bras et la main qui tient le stylo font des gestes brusques et désordonnés, qui, en plus, la font passer pour une élève très dissipée... Je la vois en novembre, cela fait 4 semaines qu'elle loupe le lycée à cause de ça. La kinésiologue a pensé que je pourrais l'aider.

Rapidement, je vois effectivement ces mouvements intempestifs se déclencher tous seuls et balancer la pauvre demoiselle dans toutes les directions comme une poupée de chiffon. J'ai très vite ressenti que Margot était envahie de présences inopportunes. Alors j'ai utilisé l'hypnose. Ne t'avais-je pas dit que je t'en parlerai ?

— Oui, d'ailleurs, je l'ai fait une fois, avec les signaux idéomoteurs, réponds-je, fière de moi, pensant à Cindy.

— Bravo ! approuva mon amie et mentor. Mais on peut faire mieux que les signaux idéomoteurs, qui sont quand même très restrictifs. J'ai mis la jeune fille dans une jolie transe hypnotique, et j'ai demandé à son inconscient de prêter sa voix, tout simplement.

Et donc j'ai dialogué de façon tout à fait naturelle. Et tu vois, ce qui est amusant, c'est que la voix que l'on entend, dans ce cas, n'est pas *exactement* celle de la personne qui est là, c'est celle de l'âme errante... Les intonations, la tonalité sont légèrement différentes... Eeeh, pas comme dans les films d'horreurs, non plus. Juste des intonations, ok ? ajoute-t-elle en me regardant sous cape alors que je grimace.

Elle a dû voir que je fronce les sourcils. Elle avait parlé d'une histoire plus cool, quand même.

— Alors dans son cas, continue-t-elle, il y avait plusieurs âmes errantes, avec des voix et des personnalités différentes, et c'était intéressant, car dans ce dialogue, j'ai essayé d'en savoir plus. Je te l'ai dit, moi aussi j'ai des questions qui n'ont pas de réponse ! Alors j'ai demandé à une de ces âmes errantes pourquoi elle se trouvait là, dans l'énergie de Margot, pourquoi Margot ? Et elle a eu cette réponse qui m'a beaucoup touchée : « Lumineuse ! »

a-t-elle juste dit. Et c'était vrai que Margo était une jeune fille « lumineuse » !

Je l'ai libérée de 5 âmes errantes différentes, puis — tiens-toi bien — il y avait l'âme d'un petit chien, d'un rongeur, et même d'un poisson rouge ! Là, j'ai dit stop, partez tous, je ne veux rien savoir de plus !

J'ajoute que dans ces dialogues, la seule chose que je fais est de poser des questions ouvertes. Du genre « y a-t-il quelqu'un ? Qui êtes-vous ? Depuis quand êtes-vous là ? », etc. Un jour quelqu'un m'a dit *« oui, mais avec vos questions et vos dialogues, vous influencez la personne qui est en hypnose, c'est tout »*.

— Ah, ça... je ne suis pas étonnée. Que réponds-tu à cela ?

Chiara me sourit d'un de ses sourires qui rit dedans et explose dehors

— Vois-tu, croira celui qui veut croire. Je ne force personne. Celui qui veut rationnaliser, qu'il rationnalise ! Pour ma part, je n'ai pas besoin d'en rajouter, la vérité est déjà suffisamment spectaculaire. Moi aussi, parfois, je cherche à expliquer. Mais ça sert à quoi de vouloir comprendre, expliquer, si ce n'est à avoir des « satisfactions intellectuelles », à « avoir raison » ?

Elle fait un geste de la main comme pour éloigner ça sur le côté, d'un geste qui dit assez qu'elle n'a pas besoin de ça. Et continue :

— En fait, la demoiselle et sa maman avaient un profond respect quasi religieux pour les animaux. Je suppose que ça joue. D'ailleurs, de nombreux médiums disent bien que les animaux ont leur place aussi dans la Lumière. Et pourquoi ça ne serait pas le cas, d'ailleurs ?

Lorsque Margot a rouvert les yeux, elle se sentait très bien. Quelques jours après, elle m'a envoyé une lettre de témoignage de son expérience, je vais te la montrer... Elle explique aussi sa surprise pendant la séance lorsqu'il s'est agi de ce chien, car depuis le début, elle s'entendait parler, sans rien pouvoir maîtriser, pour chaque âme errante qui était là, mais au tour du chien, elle se sentait l'envie d'aboyer !

— Allo, Chiara ?
— Oui ?
— Dis, j'en suis au moment de raconter l'histoire
de la petite Margot, dans le second chapitre.
Avec le chien, tu sais.
— Ah, oui, Margot, je vois. Tu as un souci ?
Il manque quelque chose ?
— Dis... tu veux vraiment que j'écrive ça ?
Qu'elle avait envie d'aboyer ? À qui on va arriver à faire
croire ce que tu me racontes avec ce chien ?
Moi je te connais, je sais que tu racontes cash...
et malgré tout, j'ai mis du temps
à te suivre... mais les lecteurs ?
— Claire... On a dit que je te disais tout,
et que tu notais comme c'est, c'est bien ça ?
— Bah, oui, mais quand même.
S'ils ne veulent pas nous croire ?
— C'est leur choix, Claire.
Les gens croiront ce qu'ils veulent croire.
Moi je te dis ce qui est, ce qui s'est passé, ce que j'ai
vécu. Et ce que Margot m'a dit. Toi, tu le transcris.

Que les gens croient ou non ce que
nous racontons, ne change rien à cela :
c'est « incroyable », mais c'est arrivé.
Tu voudrais qu'on commence à mettre de la censure ?
On va trier ce qui est acceptable, et ce qui ne l'est pas ?
Sur quels critères, alors ?
Et avec quelle authenticité derrière ?
—... Tu as raison. L'autre fois, pendant que tu me
racontais ces choses, je me disais « où trouverais-je
des arguments pour assurer fermement que ce soit
possible ou impossible ? Qui suis-je pour être sûre que
c'est possible ou pas ? Incroyable, oui, certes.
Mais après tout... qui peut savoir ?! »
Chiara a un petit rire :
— Je vais te dire un truc,
quand même, pour te rassurer.
À moins que tu ne trouves ça pire !
Moi-même, quand ça m'arrive, parfois,
je ne le crois pas. Mais ce n'est pas y croire ou non
qui rend la chose réelle, dans ce cas précis.
C'est qu'elle arrive ou pas.
C'est pour ça que souvent, j'enregistre ces séances.
— Elle est enregistrée, celle de Margot ?
— Oui. Sur K7 magnétique.
Et tu as vu sa lettre sur papier, évidement !
— Ah. Ok. Je continue, alors.
— Spaventosa increduloche dubita di me !
Diffidi tu che non sia una strega[9] ! lança-t-elle
avec un sourire que je devinai dans sa voix.

9 - Affreuse incrédule qui doute de moi ! Méfie-toi que je ne sois pas une sorcière !

— Ce qui veut dire ?

— Que tu as beaucoup de chance d'être mon amie ! Allez, bises !

— Je me rassieds devant l'écran et je reprends mon récit.

Je me cale au milieu des coussins, les yeux absorbés dans les reflets mordorés des flammèches convoitant la dernière bûche mise au feu. Chiara se lève, et me rapporte une feuille de papier pliée en quatre, qui était rangée dans un tiroir de son secrétaire. Je la lis aussi attentivement que si c'était la solution d'une énigme sur laquelle j'aurais réfléchi longuement sans trouver la réponse. Elle était signée « Margot ».

TÉMOIGNAGE DE MARGOT

Bonjour,

Depuis la dernière fois je vais mieux. Je suis retournée en cours le mercredi 1er décembre. Cela fait à présent une semaine que j'y suis. Ma semaine a été parfois chamboulée à cause de ces esprits qui sont encore venus me rendre visite malgré mes efforts pour les chasser. Cependant, j'ai pu en chasser un avec ma mère en faisant comme vous l'avez fait avec moi.

Je vous écris pour vous faire part de mes ressentis sur ces étranges expériences que j'ai vécues avec vous.

Durant ces deux expériences au début, j'ai vite plongé dans un état second. Une sorte d'hypnose je crois. Mon corps était assoupi et ma respiration semblable à celle paisible du sommeil. Quant à ma conscience, elle était comme en veille. Elle me semblait loin de moi et détachée de moi mais elle était là quand même. C'est quand l'un des esprits logé en moi a commencé à communiquer que j'ai basculé dans cet « état de veille », c'était vraiment curieux, c'était comme si je m'étais effacée pour laisser la place à un autre.

Pendant le dialogue entre l'esprit et vous, j'assistais comme une étrangère à cette conversation sans la moindre possibilité d'intervenir. Ce qui pouvait se révéler assez angoissant mais je n'éprouvais rien en cet instant. Je ne pouvais qu'écouter.

Puis à chaque fois qu'un des esprits partait pour l'Univers, je le sentais. Mon corps se faisait lourd à chaque fois. Une sensation qui me prouvait qu'il se passait bien quelque chose à chaque fois.

Il y a aussi une chose qui m'a marquée c'est lorsqu'un des esprits décrivait la lumière éblouissante qui les entourait à l'extérieur, j'ai vu pendant un bref instant cette lumière dont ils parlaient. C'était assez troublant.

Mais ce qui m'a le plus troublé dans ces expériences, c'est lors de la communication avec les esprits des animaux. Le chien parlait français à travers ma bouche, mais moi j'avais envie d'aboyer ! Tout comme avec le rongeur j'ai eu envie de pousser un cri de rongeur. C'était vraiment dérangeant.

Je voulais vous remercier pour ce que vous avez fait pour moi. Votre aide m'a beaucoup apporté.

Au revoir,
Margot »

— Bluffant ! commenté-je simplement, impressionnée par la simplicité et la précision avec lesquelles la jeune fille avait relaté sa séance de travail.

Effectivement, en tout cas, cette histoire-là est plus légère que la précédente ! dis-je en lui rendant son précieux document.

Tu en as une autre ? Je ne me lasse pas de t'écouter ! C'est fou, tout ça... on a l'impression que le monde n'est pas ce qu'on en imagine, qu'on passe à côté de beaucoup de choses importantes, vitales, même... et en même temps, c'est juste fou...

Chiara acquiesce et sourit.

≈

— Allez, la dernière pour ce soir. Elle est plus récente, il y a 18 mois à peu près.

KÉVIN SUPPORTE LES CRISES DE SON PÈRE

— Un homme, Kévin, vient me consulter, car une collègue à lui est venue me voir pour des crises d'angoisse qui ont disparu depuis, et « il veut la même chose qu'elle. »

Ses crises d'angoisse à lui sont carabinées, quand même. Il voit un psychiatre depuis qu'elles ont commencé, il y a 6 ans, et comme elles ne se calmaient pas, il a additionné jusqu'à 8 antidépresseurs combinés à prendre tous les jours de l'année.

— Huit ? C'est de la folie ! Il devait avoir l'air d'un zombie !

— Même pas. Alors il m'explique : ces crises ont commencé environ un an après le décès de son père, à l'anniversaire. Tu aurais fait quoi, toi ?

— J'aurais demandé le récit du décès, et demandé si le deuil était fait.

— C'est ce que j'ai fait. Il me dit que le deuil, ça va. Et il me raconte que son père est décédé assez vite, en cinq jours, alors que rien ne le laissait supposer. Il s'est senti mal le dimanche. Allé aux urgences, ils le renvoient chez lui. Puis le lundi, pas terrible, il repart aux urgences, ils le gardent une nuit, le mardi, retour à la maison. Mercredi, sa femme appelle le SAMU, ils l'emmènent à l'hôpital, et là, tout d'un coup il a très très peur de mourir. Ils lui font une piqûre et il dit qu'il veut rentrer chez lui, maintenant ; il signe la décharge, et retourne à la maison. Et là, le jeudi, il meurt d'un coup chez lui. Un truc de ce genre-là.

— Tu m'as dit que parfois, les défunts ne comprennent pas qu'ils sont morts quand ça arrive comme ça ?

— C'est exact. Mais là, le détail en plus, c'est la peur extrême de mourir. Cette peur-là l'a empêché d'avoir l'esprit clair au moment de mourir. J'aurais même tendance à dire qu'il avait ENCORE peur alors qu'il était DÉJÀ mort.

Et même qu'il a TOUJOURS peur, mais cette fois, il s'est raccroché à son fils depuis le décès — car il s'agit bien d'une âme perdue, il ne se sait pas décédé, mais a très très peur de mourir, et il vit sur l'énergie de son fils depuis 7 ans, avec l'angoisse de sa propre mort.

— Tu veux dire que c'est LUI qui fait de crises d'angoisse et pas le fils ?

— Tu as tout compris. C'est exactement ça. À chaque anniversaire de sa mort, il repart dans la même peur en plus grand que l'année précédente, au point que son fils en est à 8 antidépresseurs pour supporter la peur que son père ressent et fait passer dans l'énergie de Kévin.

Je ne dis rien, j'imagine cet abîme de peur dans lequel on peut arriver à se trouver au moment de mourir, et je ressens de la compassion pour cet homme. Chiara attend la fin de mon monologue intérieur.

— Donc, tu as emmené le père vers la Lumière et le fils s'est trouvé libéré des crises, c'est ça ? résumé-je simplement.

— Bravo, tu deviens opérationnelle, Claire ! Tout à fait ça. Et j'ai proposé à Kévin de revenir me voir sous huit jours pour voir si tout allait bien…

— Et alors ?

— Il est arrivé avec la « tête dans le sac », c'est comme ça qu'ils disent, tes jeunes ? Ses huit antidépresseurs, il se les prenait de plein fouet, sans son père pour faire tampon. Il m'a dit qu'il y voyait trouble, qu'il n'avait pas d'équilibre, qu'il dormait tout le temps… Comateux !

— Tu veux dire que les antidépresseurs, avant, touchaient le père à travers le fils et que du coup, ils ne faisaient pas d'effet à Kévin ?

— Écoute… je suppose, c'est ce que j'ai constaté. Je lui ai dit d'aller voir le psychiatre pour les supprimer. Il m'a répondu *« c'est même pas la peine. Il a dit « maintenant qu'on a trouvé le bon dosage, on ne touche plus à rien »*. Évidemment, il lui était difficile d'aller voir le psy en disant «*je n'ai plus besoin des médicaments parce que mon père est parti dans la Lumière dans l'ascenseur d'une passeuse d'âme!*»

J'éclate de rire

— Sûr ! Là, il avait la camisole en prime ! Le pauvre !

≈

La nuit est tombée depuis longtemps, la dernière bûche meurt dans l'âtre, et demain je reprends le train pour la Normandie. Nous allons vite nous coucher. Beaucoup de choses se bousculent dans ma tête.

Chiara me fait découvrir des choses insensées, ou riches de sens, d'ailleurs. Elle me bouscule beaucoup, me raconte l'humain sous une forme que je ne connaissais pas, à laquelle je ne pensais pas. La mort est un sujet souvent si tabou, et si grave. De la mort que sait-on ? L'émotion, la perte d'un être cher, le vide de l'absence... La peur aussi, — de souffrir, de ne plus être là... Elisabeth Kübler-Ross disait pourtant volontiers que la plus grande peur humaine n'était pas celle de mourir, mais celle de vivre. Qu'on perd sa vie à ne pas oser la vivre à cause de ces peurs. Pour s'en rendre compte, je crois qu'il faut encore dépasser le manque de sens de la mort dans notre société. Redonner du sens à la mort permettrait de redonner du sens à la vie. Mais tant de personnes croient que mourir c'est seulement perdre la vie, et se perdre les uns les autres.

Je suis convaincue que c'est autre chose. Mourir, c'est changer d'état, de lieu, de vie, et revenir vers soi. C'est gagner quelque chose en plus. C'est monter une marche de l'escalier de notre évolution personnelle, chacun son tour, pour tous se rejoindre en haut de l'escalier... Continuer autrement. Un cadeau. De l'Amour pur qui nous est offert et dont nous devenons enfin conscients... Je voudrais qu'on puisse dire « Amourir » au lieu de « mourir », car ce que nous appelons mort est un *atterrissage vers l'Amour...*

LA SOUFFRANCE DE LA MORT N'EXISTE PAS.

Je me suis souvent fait cette remarque que de nombreuses personnes ont peur de la mort à cause de la souffrance qu'elles imaginent aller avec. Pourtant, dans une vie, on a bien souvent de la souffrance *sans mourir* – mal aux dents, mal au ventre, mal aux oreilles, mal à la tête, maladies, accidents, etc. Mais rien ne dit qu'on doit souffrir *au moment de mourir*.

Si mourir est si peu de chose qu'on puisse n'en avoir même pas conscience, comme le dit Chiara, alors de quelle souffrance est-il question ? En fait, il ne peut pas y avoir de souffrance liée à la mort elle-même. Et pour ceux qui ont une souffrance physique *en fin de vie*, vient le moment où la mort détache l'esprit du corps, et donc c'est la fin de la souffrance. Il n'y a PAS de souffrance de mourir.

Il peut y avoir une souffrance de l'agonie, pas de la mort.

La souffrance appartient à la vie, pas à la mort.

C'est vraiment primordial de ne pas l'oublier. C'est la sortie de la vie qui peut être tapageuse… L'entrée dans la mort ne peut pas faire peur, car elle est douce.

C'est une des choses essentielles que j'ai apprises de Chiara.

LA MORT FAIT PARTIE DE LA VIE. QUELLE PLACE DONNER À LA MALADIE ET À LA PRÉVENTION ?

Toutes ces histoires de défunts perdus, restés coincés sur notre planète, m'attristent. Ça serait si utile et bienveillant qu'il y ait un apprentissage de la mort, dans notre société. Au lieu de cela, on la cache aux yeux de tous. On cache la mort aux enfants, ou alors on en fait une telle horreur qu'ils retiennent le tabou et la peur. Les gens meurent à l'hôpital, dans des maisons de retraite, mais pas chez eux. Il y a à cela plein de raisons, je le sais bien. Je constate.

Mais à force d'être à l'écart de la mort, on oublie qu'elle fait partie de la vie. Pour la médecine, la mort est un échec, comme si la pharmacopée et la chirurgie se devaient d'être toutes puissantes, comme si nous étions tous programmés pour vivre le même nombre de longues années et qu'il était de la responsabilité de la science de nous *empêcher* de mourir. *Une espèce de Service Après Vente* qui s'acharnerait à s'occuper de nous, même malgré nous parfois.

Je ne crois pas au *côté systématique* des *maladies-pas-de-chance*, comme si il y avait une fatalité à être tous malades. Je crois au sens de la vie et au sens de ce qui s'y passe pour chacun de nous. Je crois à la valeur de la prise en charge, par chacun, de ce qu'il vit, afin d'être en paix avec ses émotions, et donc avec son corps, l'un et l'autre étant très reliés. Je crois à la vie qui a du sens telle qu'elle est, avec ses évènements, ses émotions. Je crois aux conséquences de tout ce qu'on choisit de vivre, sur notre vie elle-même.

Je crois à la prévention si elle s'occupe du sens que nous donnons à notre vie, de la façon de vivre avec nos émotions.

Mais la prévention « à tout hasard », ça manque de sens pour moi. On fait de la « prévention des conséquences » alors qu'il serait si ingénieux de faire de la *prévention des causes* !

Même si je sais qu'il est parfois incontournable de passer par la maladie, au vu de la complexité de nos émotions humaines, voilà le genre de prévention qu'il faudrait faire. Parce que le corps tombe malade lorsque c'est la seule option pour se défaire des émotions trop douloureuses que le cœur n'a pas pu absorber, régler, apaiser. C'est donc beaucoup de souffrance combinée, cumulée, souvent inavouée et silencieuse, qui aboutit à une maladie pleine de souffrance elle aussi.

Je sais bien que personne ne veut être malade. Et je regrette que tout le monde ne se voie pas proposer les moyens d'apprendre à apprivoiser ses émotions d'une façon saine. C'est l'école qui devrait se charger de cet apprentissage, et ce serait une Mesure de Santé Publique !

Par ailleurs, il est temps de redonner à la mort, comme à la maladie, du sens, une réalité, crue et vraie aussi : c'est le prolongement naturel de la vie, inscrit dans tout ce qui est vivant, végétaux, animaux, humains.

Parfois, la difficulté de vivre avec l'émotion du deuil est la cause de ce qu'on va « cacher » la mort. Je repense aux parents de Cécile et Guillaume, qui n'ont pas su leur dire que leur grand-mère était décédée « parce qu'ils l'adoraient, ils ne vont pas supporter ». En fait, les parents avaient tant de mal à vivre leur propre deuil, qu'ils n'ont pas trouvé les mots pour s'adresser aux enfants.. Pourtant, de toute façon, il faudra bien leur en parler un jour ou l'autre. Mais si les parents le font lorsque leur deuil à eux « va mieux », alors à ce moment-là les enfants seront déconnectés du vécu émotionnel de la famille : leur peine est au plus haut alors que les parents sont plus apaisés. Ce sera une situation émotionnelle très compliquée à gérer pour des enfants.

La mort est un phénomène qu'ils comprennent pourtant bien, et qui se constate tous les jours : les fleurs qui fanent, les animaux qui meurent, les fruits qui pourrissent...

La mort a sa place dans notre vie, le plus simplement du monde.

Et notre monde, dans sa peur des « croyances qui dérivent », préfère le silence ! Il se refuse aussi les croyances qui font du bien. Toutes les expériences que me raconte Chiara, et tous les livres que j'ai ouverts depuis pour mieux comprendre, parlent sans détour de cette vie après la vie qui semble si naturelle et si logique. Mais c'est presque inconvenant ou risqué de l'affirmer, dans notre société : on n'a pas de « preuves ». Et si on en a, alors elles ne comptent pas et sont disqualifiées parce que « on ne peut pas avoir la preuve de ce qu'on ne traversera qu'après la vie », « personne n'en étant jamais revenu » dit-on : ceci est de plus en plus faux, eu égard aux progrès de la médecine qui sauve des vies que personne n'aurait pu sauver il y a un siècle, et fait revenir à la vie des personnes déclarées mortes. Les témoignages s'accumulent[10], mais les peurs et les tabous ont la vie dure.

Alors il y aura encore et encore des âmes perdues qui se demanderont une fois décédées, ce qu'elles font là, pourquoi elles sont seules et personne ne leur adresse la parole, perdant de précieuses forces d'évolution et en souffrance dans leur mental de ces émotions coincées.

Au lieu de Chercher la Lumière et d'y accéder.

Alors que nous pourrions tous apprendre à mourir simplement, comme on tente jour après jour d'apprendre à vivre.

Je ne sais pas, à ce moment-là, si Chiara a d'autres découvertes à me faire faire autour de la mort. Je verrai bien, me dis-je, incapable d'anticiper ce qu'il lui viendra à l'idée de me raconter. Mais je commence à beaucoup aimer nos entretiens et nos explorations, et je suis fière qu'elle m'estime digne de suivre son chemin.

---

10 - Voir le chapitre « Expériences de Mort Imminente ».

From ClaireB
To ChiaraDellaLuna
Objet : on peut rire de tout ?

Tu la connais celle-là ?
Un jeune homme célibataire endurci explique :
– « Je détestais aller aux mariages parce qu'à chaque fois, mes vieilles tantes me donnaient une tape sur l'épaule en me disant :
– C'est toi l'prochain sur la liste !
– Ah ! Et tu as réussi à les faire taire ?
– Oui ! Elles ont arrêté quand j'ai commencé à leur dire la même chose aux enterrements !

From ChiaraDellaLuna
To ClaireB
Objet : oui, si c'est pas n'importe comment.

Rires. Et celle-ci, qu'en penses-tu ?
Un vieil homme est couché sur son lit de mort.
Toute la famille est déjà réunie à son chevet.
Voilà qu'une délicieuse effluve de tarte aux pommes arrive jusqu'à lui.
Il réunit ses faibles forces et fait signe à un de ses petits-enfants :
– « Demande à ta grand-mère qu'elle me donne une part de sa tarte aux pommes ! »
Le gamin part et revient peu de temps après :
– « Mamie, elle a dit que la tarte, c'est pour après l'enterrement. »

From ClaireB
To ChiaraDellaLuna
Objet : Re : ok, alors

Ooohh ! Un petit côté mafia italienne, non ?
Oups !

Allez, une mignonne :
Un médecin ayant des dons de médium voit un fantôme dans sa salle d'attente.
– oh ! Vous auriez dû venir plus tôt ! lui dit-il.

LES EMI (EXPÉRIENCES DE MORT IMMINENTE)

Cela fait un petit moment que Chiara et moi n'avons pas abordé de nouveaux sujets de découvertes. Ce soir-là, quand elle m'appelle et me propose une soirée Skype, je saute sur l'occasion de dire oui tout de suite.

Et aussitôt, elle entame un nouveau sujet.

— Ma sorella, Angélina, a accepté que je te parle de ce qui lui est arrivé. C'était il y a deux ans. Je te raconte ?

— Vas-y, je t'écoute !

— C'était donc il y a deux ans environ. Un matin, elle a eu beaucoup de mal à se lever. Heureusement, ses enfants étaient en vacances chez leur père, et elle était chez moi en vacances aussi. J'ai vu tout de suite que ça n'allait pas trop. Elle avait une migraine affreuse, et ne supportait même pas que j'ouvre les rideaux à cause de la lumière du soleil. Elle avait mal dans le cou aussi, et dans les jambes. Bon, je t'avoue, j'ai pensé à une méningite, alors j'ai appelé le 15. Ils m'ont dit qu'ils envoyaient le SAMU la chercher. Ils sont arrivés en scaphandre, habillés de vêtements en plastique jetables de la tête aux pieds ! Ils l'ont emmenée sur un brancard, pour la mettre sous surveillance et faire des examens aux urgences à l'hôpital. Ils m'ont dit qu'il était inutile que je les accompagne, autant que je vienne aux nouvelles un peu plus tard.

Au milieu d'après-midi, lorsque je suis allée là-bas, elle était déjà sortante ! « *Ce n'est pas une méningite, ils m'ont juste donné du paracétamol* » me dit-elle. Elle avait l'air de tenir aussi bien debout qu'une pile de tasses à thé à laver sur le bord d'un évier. Je l'ai soutenue pour retourner à la voiture, et elle s'est recouchée en rentrant.

« *Et alors, c'était quoi ?* je lui demande.

« *Ils ne savent pas. C'est juste pas la méningite.*

« *Ah. Ok. Et comment tu te sens ?*

« *Fatiguée, naze. Mal aux yeux. Tu veux bien fermer un peu les rideaux ?* J'accède à sa demande et je reste auprès d'elle, je ne la quitte pas des yeux, rivée sur son visage.

Et à un moment elle me dit « *Ils sont tous là ! Il y a de la lumière... elle est toute douce, partout... c'est beauuuuuuu...* »

Je n'ai pas voulu la quitter des yeux, même si j'aurais aimé voir tout ça. Ce n'était pas là pour moi, et je voulais rester vraiment avec elle. Alors tout en la regardant, je la faisais détailler.

« *— Qui est là ? Raconte-moi ?*

« *— Ils sont tous là, il y a la Bis Nonna Paterna, (l'arrière-grand-mère paternelle, comme sur les vieilles* *photos jaunes de la famille), et prozio Paolo, l'oncle Paolo, et il cugino, la cousine.* »

Enfin, toute la famille décédée qu'on n'a pas connue toutes les deux, mais qu'elle reconnaît parfaitement. Et une amie à elle décédée, adolescente, de maladie.

Je t'avoue, Claire, que ça ne m'a pas rassurée de savoir que tout ce monde-là était dans la pièce. Ça voulait dire que mon Angélina allait partir avec eux, et ça, je ne le souhaitais pas, moi, Chiara. Sans compter ses deux enfants, qui s'en serait occupé ? On a beau être médium et un peu Thérapeute de l'Invisible sur les bords, on n'a pas forcément envie de laisser partir ceux qu'on aime tout de suite, tout de suite...

Alors je l'ai faite parler de ce qu'elle voyait. Parce que ça me touchait beaucoup. Pour être sûre qu'elle était un peu avec moi aussi. Elle m'a dit, c'est amusant, que notre petit frère est le portrait craché de ce vieil oncle Paolo qu'on ne connaissait pas elle et moi. Elle m'a dit comme ils étaient tous bienveillants, et si nombreux ! Avec toute cette Lumière apaisante. Beaucoup d'amour, de bienveillance. Elle a parlé avec son amie, et a appris que celle-ci s'occupait des enfants traumatisés, dans l'au-delà. Tu vois, j'ai découvert que dans l'au-delà, on n'est pas à la plage toute la journée, on bosse quand même !

Malgré l'envie de Chiara de me faire rire, je sens que cette histoire la touche encore énormément. – et comment cela ne serait-il pas le cas ? ! Elle continue son récit :

— Et puis à un moment, elle m'a dit qu'ils s'en allaient. Devenaient flous. Je ne la quittais toujours pas des yeux. Elle a fermé les yeux, et s'est reposée un moment. Et un moment après, elle m'a dit calmement :

— *Tu sais, j'aurais pu y aller, ils étaient venus me chercher, et ils m'ont dit que j'avais le choix. Je suis restée parce que tu me parlais. J'ai choisi. Mais tu sais, si j'étais partie, je savais que pour les enfants, tout irait bien. Je le savais.*

Chiara se tait. Devant l'écran, je vois à distance sur son visage toute l'émotion que cela remue en elle. Les yeux vagabonds, elle est dans ses pensées. Elle reprend quelques instants plus tard, en me faisant face.

— Tu sais, après ce genre d'expérience, c'est très très difficile de remettre les pieds sur terre et de retourner à la vie d'avant. Angélina le dit elle-même. Elle a fait l'expérience de se sentir baignée dans une bienveillance et un amour inconditionnels qu'elle ne retrouve pas ici sur Terre. Parfois, au début, elle disait qu'elle aurait peut-être dû partir. Il parait qu'il faut 7 ans pour reprendre harmonieusement le fil de sa vie humaine après une Expérience de Mort Imminente.

Même encore aujourd'hui, elle a toujours du mal à en parler sans se sentir pleine de nostalgie, mais c'est encore si récent.

Et moi, je frémis parfois en me disant qu'à ce moment-là, elle était vraiment sur le fil de la vie à la mort... et si je n'avais pas été là, à la maintenir dans notre conversation, elle serait partie !

Et tu sais, Claire, moi aussi, je SAIS que tout aurait pu aller très bien, parce que j'ai une véritable confiance dans la vie. Mais je suis heureuse qu'elle ait choisi de rester. Sauf quand je la vois si nostalgique, je m'en veux un peu de l'avoir retenue...

— C'est elle qui a choisi, t'a-t-elle dit, je réponds doucement.

— Oui, admet-elle... Merci.

≈

Je laisse passer un temps, puis je raconte à mon tour :

— Un jour, au bureau, j'ai vu une femme âgée en deuil, qui me disait qu'elle avait fait une EMI quand elle était jeune, alors qu'elle ne croyait à rien après la vie. Ça m'a semblé étrange. Elle a ajouté, « *Vous savez, c'était peut-être rien qu'un rêve* ». Alors je lui ai demandé quand c'était arrivé. « *Il y a 48 ans* », me répond-t-elle. « *Et, lui demandé-je, vous vous souvenez d'autres rêves que vous avez faits depuis 48 ans ? La semaine dernière ? Il y a vingt ans ?* » « *Oh, non, ça s'oublie vite* » *ose-t-elle me répondre.* « *Mais pas celui-là ?* » *j'insiste.* « *— Non ! Je revois tout en détail* » « *Alors ce n'est sans doute pas un rêve ?* »

Je pense qu'elle avait trop peur à l'idée que quelque chose d'autre que la vie qu'elle connaît puisse exister. Elle préférait penser que tout s'arrête. C'est... bizarre... quand on a reçu un cadeau comme une EMI... non ?!

Chiara hoche la tête.

— Moi aussi je vois ça comme un cadeau. Mais l'emballage est parfois drôlement difficile à défaire, crois-moi... On ne peut pas juger de la réaction des gens.

Par contre, c'est une belle façon d'ouvrir des coins de ciel vers la fameuse Lumière. Il y a de plus en plus de témoignages de ces expériences à notre époque. Le témoignage d'Eben Alexander est vraiment incontournable : il a combattu *les expérienceurs* en disant qu'ils racontaient de sottises, et voilà que la même chose lui arrive... et depuis il professe le contraire avec une conviction double ! — Ca fait penser à ce personnage de la Bible, Saül de Tarse devenu Paul, sur le chemin de Damas : il persécute les chrétiens, et tout d'un coup, il a une révélation, et il change du tout au tout, et parcours le monde pour enseigner la foi aux peuples qu'il voulait exterminer avant !... Il n'y a rien de tel que les expériences qu'on fait soi-même pour nous convaincre !

En mon for intérieur, je sais qu'elle a raison, et que si j'accède à tout ce qu'elle me raconte, c'est bel et bien parce que j'ai fait l'expérience de ces âmes errantes au début de nos dialogues. J'avais toujours entendu dire que « l'expérience est non-cessible », qu'on n'est sensible qu'aux expériences qu'on fait soi-même. C'est vrai.

— Sur les EMI, ou NDE en anglais (*Near Death Expérience*), continue Chiara, il y a maintenant des ouvrages à foison, des témoignages, les « Enquêtes Extraordinaires » de Stéphane Allix sur DVD,...

et la création du réseau d'écoute de l'INREES (*Institut National de Recherche sur les Expériences Extraordinaires*),... et ce colloque international, organisé à 2 reprises par Sonia Barkallah, la réalisatrice du document « Faux départ »... et plein d'autres encore...[11]

Voilà, je voulais évoquer ce sujet avec toi ce soir.

— Merci Chiara. Je l'avais déjà abordé dans mes lectures, et je te remercie de m'avoir raconté l'histoire de ta sœur. Tu sais, lorsque j'étais adolescente, ma mère a fait l'acquisition du livre de Raymond Moody, *La vie après la vie,* et je l'ai lu d'une traite avec un véritable enthousiasme. Bizarrement, il est ensuite passé au second plan, comment ai-je pu oublier tout ça, c'est un mystère pour moi, mais très vite, récemment, j'ai retrouvé tout ce que j'avais déjà découvert, au fil des lectures que je fais depuis que tu me racontes toutes ces choses incroyables. J'ai d'ailleurs relu le livre de Moody et ça m'a amusée parce qu'il faisait vraiment partie de mon patrimoine mémoire, et je l'avais pourtant mis de côté. Bizarre, hein ?

— Tu vois, rit Chiara, tu n'as rien à envier à ta dame âgée qui a fait une EMi et qui croit que ce n'est qu'un rêve. Elle au moins elle s'en souvient !

— T'as raison ! conclue-je pour moi-même avec auto-dérision.

Et intérieurement, je re-coche la case « ne jamais juger ».

≈

11 - Voir en fin d'ouvrage toutes les références de ces organismes.

Quelques jours ont passé. Soirée Skype à ma demande. Je suis assez excitée de partager avec Chiara l'expérience vécue avec ma patiente de cet après-midi.

— Chiara, que dirais-tu si je te racontais un témoignage incroyable ?

Chiara éclate de rire.

— Je dirais que tu utilises souvent l'adjectif « incroyable » ! Alors que je suis pourtant toute prête à te croire, excitée comme je te vois...

Je ris avec elle.

— Ok. Alors c'est un témoignage étonnant, surprenant, ébouriffant, ahurissant, fabuleux, étrange, insolite...

— Ok, ok... Raconte, plutôt ! rit-elle avec moi en m'interrompant.

— Chiara, une EMI de bébé ! Pendant la naissance ! Je te raconte. Heureusement, j'ai pris des notes pendant la séance.

Voilà. Aujourd'hui, je recevais Adeline, qui a « un mal-être depuis toujours », dit-elle. Elle a fait des années de psychothérapie, et si ça l'a aidée à tenir le coup, ça n'a pas résolu son problème. Elle vient me voir en pensant que l'hypnose pourrait l'aider à comprendre ce qui se passe, et s'en défaire une bonne fois.

Elle décrit sa vie comme « ça me convient pas trop, je me sens coincée dans mon couple, mon mari est assez étranger à ce que je fais, j'aspire à une vie où je pourrais partager des choses, mais j'ai peur de beaucoup de choses. Je fuis le contact des autres, et je ne supporte pas qu'on me touche. » Et elle ajoute :

« quand j'ai un blocage, je repense à ma naissance, je n'ai pas d'infos sur ma naissance sauf ce que m'a sœur m'a dit, que je n'étais pas visible avant 3 ou 4 jours.» Alors, nous nous mettons vite d'accord pour aller explorer cette période-là de sa vie.

Je te lis ce que j'ai transcrit de la séance :

Induction de la transe hypnotique avec retour dans le temps.

[NDLR : comme un calendrier qui défile en arrière.] Retour demandé « au moment de la naissance d'Adeline ».

[Où êtes-vous ? c'est comment ?]

Il fait chaud et il fait noir. J'étouffe.

Dans une boule.

[Vous *êtes* en boule ?]

Oui

[Vous pouvez bouger ?]

Non. Plus de place.

[Ah ! Prête à sortir, alors ?]

Oui.

[Ok. Et l'instant d'après ?]

Coincée. Poitrine, mal.

[Coincée, mal… et l'instant d'après ?]

Peux pas sortir. Coincée. Mal.

[Ok. Et l'instant d'après ?]

Là, rien ne me serre plus. Je peux respirer, je peux bouger, je flotte…

Je sais pas ce que je fais là.

Je sais pas où je suis, mais je suis bien.

C'est une EMI de nourrisson !

Je laisse passer un peu de temps, car elle a l'air vraiment bien, et je la laisse en profiter !]

Puis je reprends.

[L'instant d'après ? C'est comment ? C'est où ?]

Mal. Mal dans la poitrine. Ça m'appuie dessus.

Je veux fuir. Je veux pas.

[Vous ne voulez pas quoi ?]

Je veux pas vivre. Laissez-moi partir. Mal.

[Et l'instant d'après ?]

Toujours mal à la poitrine.

Le cœur me fait mal.

Il me semble que je suis sur le dos.

Cette fois, nous venons de revivre avec elle son retour dans son corps, douloureux, avec passage en réanimation intensive, respiration artificielle et massage cardiaque je suppose ?

Je continue :

[Allez un peu plus loin dans le temps. Dans les bras de votre maman. D'accord ? Y êtes-vous ?]

Je ne sais pas.

La douleur est moins forte.

Je veux pas.

Elle me laisse tranquille. Elle est là, c'est tout.

[Comment elle est, avec vous ? C'est comment ?]

Elle m'aime pas. Je le sens, c'est tout.

[C'est pour ça que vous vouliez partir ?]

Je veux toujours partir.

Bon, j'arrête là, nous n'avons pas été plus loin dans ce retour en arrière, car nous avions assez d'éléments pour décoder le mal-être d'Adeline, qu'elle a d'ailleurs verbalisée elle-même dès son « réveil » : elle s'est choisi un mari qui ne s'occupe pas trop d'elle, tout comme sa mère à la naissance. Elle me raconte d'ailleurs qu'elle avait oublié, mais sa mère a expliqué avoir fait son deuil du bébé à la naissance dès qu'il y avait eu des complications, car elle ne voulait pas souffrir en cas de deuil si le bébé ne vivait pas après la Réa ! Ne pas le regarder, ne pas le toucher, ne pas s'attacher.

Trop fort, non ?! Et puis les mots qu'elle utilise et qui sont des indices qu'elle n'avait pas vus jusque-là « se sentir coincée dans sa vie »... et la peur qu'on la touche : « ça fait mal ! »... Et Adeline de me dire aussi toutes ces petites phrases d'apparences anodines qu'elle dit souvent « comme ça », et qui tout d'un coup prennent du sens : Par exemple, quand elle vit une difficulté, elle répète facilement *« qu'est-ce que je fais là ? »*... et elle a ajouté « d'ailleurs, quand je veux fuir, je dis toujours que je vais me mettre *dans le coin là-haut* », ce qui évoque aussi la sortie du corps de l'EMI qu'elle a faite à la naissance !

≈

Chiara se réjouit et s'émerveille avec moi du sens que nous portons en nous, et qui se révèle dans chacune de nos expériences intérieures. Il y a une force manifeste pour donner du sens à notre vie.

Au moment d'évoquer ces habitudes de langage et la surprise d'Adeline, je ne sais pas encore que huit jours plus tard, quand je la reverrai, elle me dirait que depuis cette séance, elle se sent beaucoup mieux, que tout cela explique beaucoup de choses de sa vie, et que c'est le prélude pour elle à une vraie reprise en main de ce qu'elle veut vivre. Et qu'elle ajoutera aussi que, étant kiné, elle a beaucoup de mal à faire de la kiné respiratoire aux nourrissons comme avant, car elle a dorénavant le sentiment que ça peut leur faire mal, elle leur parle beaucoup plus pour interagir avec eux sans le leur faire subir en silence...

Chiara et moi nous sommes émues toutes les deux en épiloguant sur l'histoire d'Adeline. Puis notre conversation dévie tout doucement vers les régressions hypnotiques dans les vies antérieures...

Et ce sera l'objet d'un autre chapitre !

≈

Il s'en est passé, de l'eau sous les ponts, depuis cette conversation. Lorsque je rencontre Joëlle, elle m'explique qu'elle a vécu une Expérience de Mort Imminente au cours d'une opération sous anesthésie. Cela fait 5 ans, et elle ne s'en sort pas trop bien.

Joëlle n'était pas censée revenir de son opération : C'était « son heure », comme on dit. Un ensemble de synchronicités et de ressentis « extra-conscients » le lui ont révélé pendant son anesthésie, et tout semblait logique à ses yeux à ce moment-là. C'est d'ailleurs très touchant de réaliser que ces ressentis ne lui posaient aucun problème : c'était son heure, point.

Son témoignage est très riche de nombreux détails quand elle me le raconte, et elle est passée par tous les stades que parcourent habituellement les « expérienceurs » de Mort Imminente.

C'est en voyant sa « revue de vie » qu'elle a demandé à revenir : voir sur « grand écran » le contenu de sa propre vie, c'est impressionnant. Mais ressentir dans sa chair et dans ses émotions les souffrances qu'on a pu infliger aux autres, c'est proprement insupportable, dit-elle.

Et la nécessité à ses yeux de réparer cette souffrance lui a rendu indispensable de revenir sur terre au milieu de nous.

Elle dit clairement aussi depuis, que ce n'était pas forcément le bon choix, car elle a eu l'occasion de trouver la vie très très compliquée. Elle se sent en complet décalage avec les êtres humains que nous sommes. Elle redoute de faire mal à un brin d'herbe en marchant dessus, et se révèle incapable de faire la différence entre les intentions bienveillantes ou malveillantes de ceux qu'elle croise, car cela ne lui vient même pas à l'esprit que la malveillance existe...

Suite à son EMI, Joëlle est devenue Médium, et elle dispose d'une énergie de guérison qui lui parcourt les doigts de fourmillements en permanence. Mais elle refuse tout cela en bloc : elle cherche encore à réintégrer sa vie « normale » d'« avant », bien que ses centres d'intérêt aient largement changé (elle travaillait dans le marketing de pointe au niveau international), bien que son couple ait explosé (son mari ne pouvait pas comprendre qu'elle ne soit plus la même et lui demandait de faire comme si c'était le cas)...

C'est avec elle que nous commencerons le chapitre consacré à la médiumnité.

UN JOUR, JE MOURRAI

J'ai souvent cette sensation étrange, depuis quelques années, d'avoir vécu moi-même une Expérience de Mort Imminente ! Pourtant, si ça m'était arrivé, je n'aurais pas la « sensation », j'aurais la certitude. À moins que je ne l'ai vécue toute enfant ? Mais je n'ai aucune trace d'un souvenir qui justifierait cela. Et je me sens transportée par ces expériences dont j'ai lu tant de récits, et surtout, qui me parlent au plus profond de mon être. Je vis au quotidien avec cette pensée remplie d'amour au centre de moi : une partie de moi est (presque) en permanence « connectée » à cette dimension extraordinaire de la vie « d'après ».

Après tout, peut-être est-ce juste une conscience accrue de cette réalité de l'au-delà, qui proviendrait simplement de souvenirs d'avant mon incarnation sur cette planète ?! Je n'en sais rien. Et c'est si agréable, qui plus est, que je n'ai pas besoin de chercher d'où ça vient.

Un jour, je mourrai. Je ne sais « ni le jour, ni l'heure », mais je sais que je mourrai, et lorsque j'y pense, je sais déjà que je devrai alors répondre à la plus grande question qu'on ne m'ait jamais posée. On ne me demandera pas si je gagnais bien ma vie, si j'avais un smartphone dernier-cri ou si j'ai réussi mes challenges professionnels. « On » me posera une seule question, et j'ai beau la connaître à l'avance, je sais que j'aurai du mal à répondre.

Pourtant, imaginons un examen oral où la question unique est déjà connue à l'avance de tous les candidats : on imagine mal que quiconque pourrait passer à côté de la « bonne réponse »... sauf que ! Sauf que dans ce cas précis, il n'y a pas UNE bonne réponse, mais des milliers de réponses, et la moindre réponse naturelle risque d'être un regret pour moi. Car nous sommes notre propre juge, plus exigeant qu'un juge.

**Comment, combien,
aurai-je aimé,
au cours de ma vie,
toutes les personnes
qui auront croisé ma route ?**

Toutes les sortes d'amour sont à leur place dans nos vies, mais humainement parlant, il est très difficile (impossible !) d'être, en tout instant, dans une forme d'amour, envers tout le monde. Globalement, le côté humain ressemblerait davantage à « *Je voudrais le meilleur pour tous ceux qui souffrent, mais si mon voisin continue à mettre sa sono à fond au-delà de minuit, je lui envoie les flics ou je lui hurle des insanités par le balcon* », et ça, ce n'est pas une forme d'amour permanent, à proprement parler.

Et en même temps, si nous n'étions pas si réellement humains, il n'y aurait aucun challenge à faire preuve d'amour(s) en toutes circonstances ! C'est le mariage de notre état d'humain et de notre « âme de Lumière » qui crée l'intérêt de ce travail de toute une vie.

Cela n'a-t-il pas inspiré autant Saint François d'Assise (*« Seigneur, fais de nous des artisans de paix et des bâtisseurs d'amour. Là où il y a la haine, que je mette l'amour... »*) que, bien avant lui, Saint Paul (*« j'aurai beau parler toutes les langues de la Terre, si je n'ai pas l'amour, je ne suis qu'une cymbale vide qui résonne »*) ?

La vraie difficulté est de ne pas le perdre de vue. Et de le Vivre.

C'est le sens de nos vies.

LA MORT DONNE TANT DE SENS À NOTRE VIE !

Les « expérienceurs » comme on les appelle, font souvent état, comme Joëlle, de la « revue de vie » par laquelle ils passent. Dans cette séquence obligée, la vie se déroule chronologiquement au grand complet, avec le ressenti de toutes les émotions qui ont accompagné chaque situation, à la fois *de notre point de vue* ET *de celui du ou des autres impliqués avec nous.* C'est un moment d'une rare intensité.

À l'issue de sa revue de vie, Joëlle, elle, a préféré retourner sur Terre pour améliorer ses relations aux autres et se défaire des souffrances mutuelles dues aux conflits.

Certains n'hésitent pas à faire un parallèle fort entre cette revue de vie, et ce qui est présenté dans les religions comme un « purgatoire » où seraient expiées nos exactions. Car, disent-ils, cette revue de vie est l'occasion très douloureuse de tous les regrets en face de ceux chez qui nous avons provoqué, consciemment ou non, des émotions blessantes. Et ils ajoutent qu'il n'y a pas pire sentiment que de regretter soi-même la souffrance infligée à d'autres, lorsqu'on la ressent intimement mêlée à chaque fibre de soi dans une réalité impossible à fuir à ce moment-là. Ce qui fait de ce passage obligé un lieu de contrition par excellence qui rendrait tout autre « purgatoire » inutile !

S'il y a une chose que les EMI peuvent nous apprendre, c'est alors sans doute à préparer ce moment-là. Parce que :

* Je ne veux pas tellement que les gens qui m'ont blessée au cours de ma vie souffrent de ma souffrance lors de leur revue de vie. Je voudrais la leur épargner, si cela se peut.
* Je ne veux pas tellement non plus « souffrir mille morts », comme on dit, lorsque je devrai faire face moi aussi à ce que je leur aurai fait subir en le sachant ou sans m'en douter. Je voudrais me l'épargner, si c'est encore possible.
* Et s'il est impossible de nous épargner cela, alors au moins que nous puissions, eux et moi, être ensuite dans la gratitude pour avoir pu réparer nos erreurs et remettre de l'amour là où il en manquait, ensemble dans le même élan…

Notre vie sur Terre est le lieu idéal pour faire l'expérience de nos relations avec les autres. Relations obligées avec la famille (*on ne choisit pas sa famille*, croit-on sur Terre) et les collègues, ou relations choisies avec les amis, les conjoints. Des interactions parfois riches et positives, parfois insupportables et violentes... Dans tous les cas, des occasions de mieux se connaître soi-même, et de faire des avancées majeures dans notre capacité d'amour et d'humilité : Le manque d'amour et d'humilité me semble être au cœur de tous nos conflits.

Alors je voudrais que la paix remplace le conflit dans le cœur de ceux avec lesquels j'ai pu interagir difficilement, et dans le mien.

Personnellement, je n'aime pas trop le mot « pardon », car je l'ai trop souvent entendu dans des contextes où un mental sans bienveillance remplaçait toute émotion ou sensibilité. Le pardon ne peut pas être une affaire mentale. Il ne peut venir que du cœur. Libre à vous d'utiliser ce mot s'il vous convient mieux qu'à moi, évidement.

Je lui préfère pour ma part la *rémission*, c'est à dire la libération totale de la paix en soi : effacer les marques des peines comme on efface une ardoise. « Remettre » les peines reçues – non pas au lendemain, mais définitivement : n'était-ce pas ce dont parlait Jésus dans les Évangiles, lorsqu'il disait *« Va, tes péchés te sont remis »* ? Après tout, garder rancune, c'est à soi que cela nuit le plus. Et même si la blessure n'oblige pas la rancune, la libération du souvenir douloureux apporte la paix de toutes les blessures.

Reconnaissons-nous mutuellement dans notre difficulté bien humaine à avoir vécu ce moment ensemble, qui s'est soldé par une souffrance de l'un, de l'autre ou, souvent, des deux. Je revendique le droit de dire ma souffrance, sans violence, simplement comme une réalité, et entendre celle de l'autre dans le calme. Sans redire les détails qui l'ont fait naître, faisant juste état de la peine. Avec une volonté de s'en libérer, l'échange apporte la paix.

Tort ou raison, qu'importe ? C'est le mental qui distribue ce type de « certificats » inutiles. Mais ce n'est pas lui qui saura résoudre les conflits ensuite. Pourquoi ? Parce qu'à travers ces torts ou raisons, il s'attache à des contenus vains.

C'est très difficile de reconnaître ses torts, pour nombre d'entre nous. Ce serait parfois accepter l'inacceptable : avoir été « trop mauvais sur ce coup-là » ! L'orgueil ne le supporte pas volontiers. Parfois aussi, nos torts ne nous apparaissent pas (puisque nous avons raison !) et parfois, ils nous semblent fantasmés par celui qui s'en plaint. Cependant, qu'il y ait fantasme ou non à l'origine de la souffrance de l'autre, celle-ci est présente, et en lien avec nous. Dans tous les cas, donc, la souffrance demande à être entendue et apaisée. La paix est à ce prix. La paix aujourd'hui. Et davantage de paix lors de la « revue de vie », je veux le croire… avec le sentiment d'avoir vraiment vécu sa vie pour en faire quelque chose de meilleur.

Quant à avoir raison, c'est un besoin très humain, certes, mais si dérisoire en fin de compte ! Moi-même, je suis comme tout le monde : « je sais quand j'ai raison ! ». (Mais oui, clairement chacun sait qu'il a raison.... Même quand tout diverge ! C'est juste normal.) Mais si cela m'empêche d'être en paix avec d'autres, qu'est-ce qui sera le plus important ? La paix ou la raison ? Aujourd'hui, je veux privilégier la paix. Parce que je sais aussi que *nos conflits ne sont que le prétexte que nos âmes ont trouvé pour nous faire avancer dans nos relations aux autres.* Je veux croire que la finalité d'un conflit est d'être résolu dans le respect de chacun et avec plus d'amour.

NOS ENJEUX sont la base de cette réalisation de nous.

Nos enjeux sont toujours extrêmement personnels, c'est normal. Par exemple, si une maman est très vigilante envers son enfant, l'enjeu est d'être une bonne maman, à ses propres yeux et éventuellement aux yeux de la société. (Ce qui est un bon enjeu, de toute façon, à la base.). C'est personnel, en ce sens que « être une bonne maman à ses propres yeux » tient compte de sa propre façon de voir les choses, pas nécessairement des besoins réels de l'enfant... Par exemple, je repense à cette jeune maman qui voulait que ses enfants soient autonomes très jeunes, et les envoyait en vacances seuls et à l'étranger à partir de 9 ans ! Elle avait souffert d'être « enfermée » alors qu'elle avait une grande envie d'autonomie. Ce dont ses enfants n'ont pas forcément manifesté le désir. Elle sera pour eux la « bonne maman qu'elle aurait voulu avoir », pas obligatoirement celle qu'ils voudraient.

Voilà la valeur de nos enjeux premiers, donc.

Nos enjeux premiers sont souvent extrêmement liés à l'image de nous-même, à nos yeux ou à ceux des autres, et basés sur une forme de peur de ne pas être assez bien.

Mais le jour de votre revue de vie, ils ne voudront plus rien dire !

Le nouvel enjeu sera :

« Qu'ai-je fait, au cours de ma vie,
tant que c'était possible,
pour améliorer la situation ? »

Alors autant écouter cet enjeu-là dès maintenant, vous ne croyez pas ?

Et si une lettre, un contact, pouvait tout changer ?

Une lettre écrite avec le cœur ne comporte aucune interprétation, aucune accusation. Elle se fait humble, ouverte, accessible par son destinataire dans l'état d'émotion où il se trouve.

Elle peut être symbolique si l'interlocuteur ne peut plus la recevoir (adresse impossible à trouver, personne décédée, ou trop malade pour être accessible...). Une lettre symbolique sera anonyme et non identifiable (ni noms, ni dates, ni lieux dans le contenu) et postée timbrée à un nom et une adresse inventés, ou bien déposée dans la poubelle de rue la plus proche du lieu où se sont passés les épisodes vécus. Plus on prend conscience de ce qu'on a écrit et de ce qu'on en attend, plus la démarche est aboutie.

Si la personne concernée est joignable, alors une lettre, une visite ou un appel téléphonique sont les choix disponibles, en évitant les mails et sms, parce qu'ils ne disposent pas de la tonalité de la voix, de l'écriture, et des signes non-verbaux qui font la part la plus importante de la communication. Un grand nombre de conflits viennent de l'usage de ces modes de communication qui font la part belle à l'interprétation et aux maladresses.

Et si les EMI que d'autres que nous ont faites, peuvent devenir notre meilleure raison de vivre en paix ? Nous en avons les moyens et la motivation, à la hauteur de notre capacité d'amour et d'humilité.

≈

Non, ce n'est pas facile.

Qui a dit que ça devait l'être ?

C'est sûrement beaucoup plus simple de baisser les bras, de dire « Tanpis ! », et de se ranger à l'avis des peurs qui nous retiennent, en laissant tout en l'état. J'ai ressenti ça au creux de l'estomac, ça me fait une boule remuante à l'idée de laisser de côté mon égo, mes droits et raisons, toutes ces choses si importantes auxquelles j'avais donné tant de place dans cette histoire, au point d'en faire un conflit !

J'ai ressenti ça, et à côté, j'ai pensé à ce que je veux vraiment. Et je veux la paix. Personne ne peut courir deux objectifs contradictoires à la fois.

Donc j'ai choisi.

≈

LETTRE OUVERTE, DU CŒUR À L'ÂME, À TOI QUI PORTE DES SOUFFRANCES QUE NOUS PARTAGEONS TOUS LES DEUX...

Elle n'est pas facile à écrire, cette lettre. Et elle me tient tellement à cœur, si tu savais !

Mais j'ai l'estomac noué à l'idée de te parler comme ça, et de mettre de côté mon égo, mon orgueil, ma peur aussi. S'il te plait, lis-moi jusqu'au bout et sois indulgent si tu peux : ce que je vais t'écrire n'est pas facile à écrire.

Ensemble, toi et moi, et avec d'autres autour de nous, nous avons partagé beaucoup de bons et beaux moments. Ça fait de toi une personne précieuse pour moi, même si je n 'ai pas su te le dire plus tôt : ça semblait évident, et on ne dit pas assez ce qui semble évident, hélas.

Mais parfois, parce que la vie humaine est ce qu'elle est, nous avons traversé des épisodes difficiles qui ont éprouvé nos sentiments profonds, et ont pu créer des conflits en nous écorchant toi et moi — autant l'un que l'autre, c'est certain. Comment est-il possible que nous ayons laissé nos rancunes prendre le dessus sur toute notre vie, et effacer tout ce qui nous rapproche et jusqu'au sens de nos valeurs communes ?

Avec le recul, c'est la souffrance d'être en souffrance qui devient insupportable. De rester dans cette situation sans en voir le bout, me brûle à l'intérieur. J'ai vraiment mal à nous.

Nous avions sans doute tort et raison tous les deux. Tous les deux tort, parce que je crois intimement que le sens profond de nos vies humaines est aussi de dépasser ces épisodes avec amour, et nous n'avons pas réussi. Tous les deux raison, parce que nos ressentis négatifs sont bien là, et qu'ils comptent, en encombrant nos cœurs, prenant toute la place dans notre relation.

Nous avons sans doute beaucoup interprété, nous nous sommes jugés, évalués, jalousés, et que sais-je encore… nous n'avons pas su écouter, répondre… Nous avons fait ensuite comme si nous avions tout le temps de changer les choses plus tard… Trop tard ?... nous sommes humains, et imparfaits. Même si cela fait le lit de nos erreurs, c'est aussi ce qui donne de la valeur à nos réussites, tu ne crois pas ?

Aujourd'hui, j'ai envie de prendre une autre voie avec toi, celle du cœur, de l'âme. Je sais que tes souffrances et les miennes, un jour, au soir de notre mort, seront nos tourments et nos regrets à tous les deux. Les « expérienceurs » de Mort Imminente nous le disent : lors de la revue de vie, nous revivons pour chaque moment de notre vie, tous les ressentis que nous avons eus ainsi que ceux des personnes concernées avec nous. Dans chaque fibre de nos âmes, qui baigneront alors dans un amour sans limite, nous ressentirons nos manques d'amour et la peine qu'ils ont engendrée, chez nous et chez les autres. Ça ne peut que faire mal, je le ressens déjà.

Je voudrais ouvrir assez grand la part divine en moi pour les remettre, les effacer, que ces tourments ne comptent plus comme une dette de toi à moi ou de moi à toi. Cette attention que nous n'avons pas su nous donner à temps, pourquoi ne pas nous la donner maintenant ? Il est encore temps. Pourquoi attendre qu'il soit définitivement trop tard ?

Si tu savais comme je ne voudrais pas, « ce jour-là », lors de ma « revue de vie », revoir ces situations, en y ressentant les émotions blessantes qui nous agitent toi et moi face à face, et ne pouvoir que me dire à moi-même « Non, Claire, tu vois bien que tu n'as rien fait pour arranger cela de ton vivant. Et pourtant, n'étais-tu pas sur Terre aussi pour cela ? N'avais-tu pas le temps ? Qu'avais-tu à perdre à essayer la paix ? »

La paix n'a-t-elle pas la valeur la plus importante au monde, lorsqu'on l'a perdue ?

Et si cela doit être si important un jour, alors ça l'est déjà, sans attendre, dès maintenant.

En écrivant ces mots, j'ai conscience de l'énorme difficulté que je ressens à affronter nos conflits pour y faire germer la paix. Mon mental me dit « ils ne comprendront pas ce que tu veux faire, et tu vas te faire envoyer promener. Pire encore, tu seras ridicule ! Ah ! Et puis c'est sans compter que tu vas en prendre encore plus plein la figure, tu vois bien comment ça se passe quand c'est conflictuel… Personne n'accepte de lâcher sa souffrance comme ça ! Donc tu risques aussi de leur faire mal en réveillant ces heurts… Tu vas droit dans le mur ! ». J'entends mon mental, il me fait frissonner, c'est terriblement pesant, en remuant toutes mes peurs. Ce ne sont que des peurs. Et ces peurs sont vraiment là aussi. Mais quelle importance mon mental pourrait-il vraiment avoir en face de la réalité la plus profonde que mon âme touche en ce moment : je ne veux pas que ma vie s'achève avant d'avoir tenté la paix.

Aujourd'hui, quand j'y repense, j'ai conscience d'avoir pu être maladroite, décevante, cassante, blessante, d'avoir parlé à tort et à travers, parfois parce que je me suis sentie piquée au vif et je n'ai pas su réagir autrement qu'en piquant en retour, j'ai ouvert ces blessures en toi par mes attitudes ou mes comportements…. J'en prends conscience aujourd'hui seulement, avec ce recul, et j'en suis atterrée, tellement ce n'est pas ce que je voulais. S'il te plait, entends ma demande de paix réelle, sincère, parce que je ne supporte pas qu'on en reste là, sur des regrets aussi forts, et parce qu'il me semble que nous serons plus heureux toi et moi, et plus satisfaits de notre réussite de vie.

Et si ton mental, toi aussi, te met en garde et t'empêche de me rejoindre, s'il te plait, rappelle-lui que personne n'a jamais résolu un problème au même niveau qu'il a été engendré : un problème se résout toujours au niveau au-dessus. C'est pour cela qu'il est inutile de ressasser nos peines et nos torts et raisons : Le mental si présent dans le conflit ne peut pas faire partie de sa résolution ; Le cœur, avec ses mouvances émotionnelles, a joué son rôle aussi : il ne suffira pas à démêler tout cela. Cette paix se réussira plus haut, au niveau au-dessus, du cœur et de l'âme ensemble. C'est à cela que je t'invite, tu sais. Et je trouve cela si enthousiasmant : c'est peut-être la plus belle chose que nous aurons jamais faite, de trouver enfin le moyen d'être ensemble dans ce dialogue et cette paix de l'âme et du cœur.

J'ai ouvert la porte, n'hésite pas à t'y engouffrer, si tu acceptes de donner à la paix cette place urgente, immense : une vraie valeur à développer entre nous, en faisant table rase du passé ; comme font les parents qui oublient les erreurs de leurs enfants et chaque jour leur redonne une chance d'être la meilleure version d'eux-mêmes. Je suppose que c'est le sens de cette phrase des Écritures « va, tes péchés te sont remis ! » : non pas remis à plus tard, mais remis définitivement.

Alors allons ensemble, remettons nous l'un à l'autre nos erreurs, ne remettons plus la paix à plus tard. Remettons nos souffrances sine dié.

Oui, c'est une rémission à laquelle je t'invite de tout mon cœur. Je n'avais jamais été capable de te le proposer avant, et je ressens à quel point c'est loin d'être facile pour moi. Alors prends le temps dont tu auras besoin, de ton côté, avec de la bienveillance pour nous deux. Et fais-moi signe, un jour ou l'autre.

Je t'attends, je vais t'attendre. Je ressens à quel point cela vaut d'affronter mes peurs. En fait… la joie commence à pointer en moi parce que j'ai réussi à te le proposer ici.

Rejoins-moi dans cette paix joyeuse ! Je t'attends, je reste là.

Je t'aime.

UNE VÉRITABLE HISTOIRE DRÔLE DE LA LOI DE L'ABONDANCE…

Sur le trajet des vacances, nous avions fait une pause chez cette jeune femme de la famille. Tout en bavardant, nous évoquons la Loi d'Abondance, aussi connue comme « le Secret » avec cette vidéo au style très américain qui l'explique bien.

Il me semble qu'il serait judicieux qu'elle s'y mette, cette Abondance serait la bienvenue dans son quotidien un peu juste.

— Tu sais, je connais une personne qui avait un réel besoin d'argent pour ses projets, et qui a trouvé par terre une enveloppe contenant une belle somme, au milieu de rien en pleine nature ! Ça, c'est une application de la loi de l'abondance…

Je lui propose de venir se promener avec moi dans les rues, « pour voir si on trouve quelque chose par terre », mais le temps ne s'y prête pas.

Le lendemain nous repartons, mais j'ai l'impression de ne pas l'avoir convaincue… Et j'y pense beaucoup.

Au point que je me mets à en appeler à l'Univers moi aussi : « J'aimerais trouver quelque chose pour elle, pour lui montrer, — car moi je n'en ai pas besoin » dis-je...

Le soir, nous arrivons sur le lieu de nos vacances, et avant de prendre une nuit de repos méritée, nous allons marcher au bord de la mer, sur ce petit chemin à couvert d'arbustes fleuris... c'est charmant.

Et là, subitement, je dis à mon conjoint : « Regarde ! Là ! », montrant du doigt, par terre, une pièce... d'un centime.

« C'est trop drôle, dis-je. J'ai dit que je n'en avais pas besoin, j'ai juste demandé une démonstration pour en reparler au retour... Et comme je n'en ai pas besoin, ce n'est pas un billet de 500 euros, c'est juste une pièce d'un centime que je trouve !... Je vais la lui rapporter, tiens ! »

Alors je me baisse, et là, j'éclate d'un fou rire irrésistible. La pièce était prise dans le ciment du petit chemin. Impossible de l'attraper. Mais, disais-je, *je n'en avais pas besoin !*

Et j'en ai rapporté la photo.

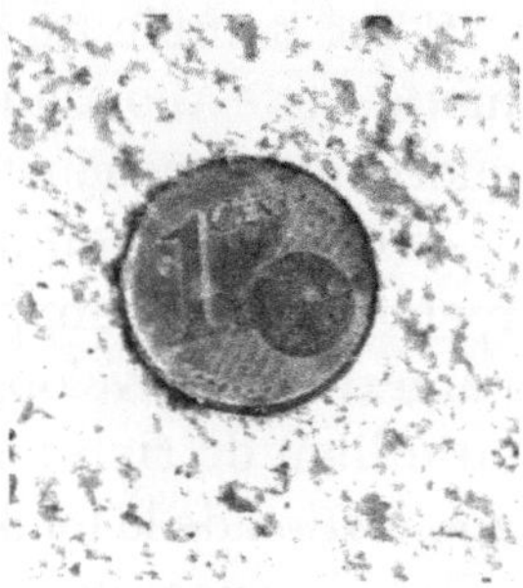

LA MÉDIUMNITÉ

— Chiara, je crois que nous sommes tous médiums
— Claire, je crois que tu as tout à fait raison.

Joëlle est médium depuis son EMI. (voir chapitre précédent). Elle se sent sollicitée en permanence par des voix d'outre-tombe qui lui demandent de l'aide, et c'est insupportable pour elle. Sa main gauche fourmille d'une énergie de guérison, qu'elle a déjà expérimentée sans le faire exprès, et justement, elle ne veut pas le faire exprès. Elle voudrait plutôt que tout redevienne comme avant. Avant l'EMI. Une vie « normale ». *Sa vie d'avant.*

J'entends les doléances de Joëlle, et je vois comme elle est malheureuse. D'ailleurs, son corps souffre aussi, d'une maladie auto-immune : malade contre elle-même.

Je prends le temps de parler avec elle de son EMI et de la continuité de sa vie.

— Joëlle, tu étais censée mourir, n'est-ce pas ? C'est bien ce qu'ils t'ont dit ? Que « tout ce à quoi tu avais eu accès comme connaissances pendant ton EMI, tu le perdrais en revenant ici, parce que tu choisissais de revenir » ?

— Oui. C'était mon heure, apparemment, mais ils ont accepté que je revienne parce que je l'ai demandé.

— Et ce message que tu as eu, lorsque tu es revenu par ton propre choix : « *Utilise bien cette nouvelle vie* », c'est bien ça ?

— C'est ça. Et même, deux ans après, j'ai refait une autre EMI dans laquelle on m'a dit « *Aie confiance !* »

— Et... toi tu refuses tout ce qui est devenu ta vie, ton corps est malade, et ça ne te fait pas « tilt » ? demandé-je.

Joëlle est silencieuse un moment. Puis elle parle en regardant ses mains, il y a de la souffrance dans sa voix.

— C'est pas ma vie, tout ça. J'ai mon métier, ma famille... Un divorce sur les bras, en plus, tellement c'est difficile de concilier une EMI avec une vie d'avant... Mon mari n'a pas pu me suivre. Il voulait que je me taise, que je fasse comme si rien n'était arrivé, et je n'ai pas pu...

— C'est normal que ce ne soit pas ta vie, ma belle : ta vie d'avant, *elle était finie*, c'est toi-même qui le dis ! Et tu cherches absolument à raccrocher avec cette vie finie. Alors oui, tu peux, — on peut toujours, lorsqu'on veut quelque chose, ça s'appelle le libre-arbitre —, mais tu as vu au prix de quelles souffrances ? Ton corps est malade, ta main te gêne et tes voix aussi... et tu refuses juste d'avoir confiance, alors qu'on t'a demandé de faire bon usage et d'avoir confiance. Tout cela me semble limpide, non ?

— Tu sais, j'ai peur de la médiumnité. En plus, c'est tout le temps, je n'ai pas de repos, j'entends tout le temps des voix, des demandes, c'est épuisant. Je refuse.

— Joëlle, c'est PARCE que tu refuses, que c'est épuisant. Tu te bats contre le courant. Tu es revenue avec ces dons, il faut que tu acceptes de t'en servir. Et je suis certaine que tu le sais.

Son regard me dit que oui, mais qu'elle ne veut pas ; elle a peur.

— Joëlle, tu sais, c'est moins terrible que tu ne penses. Tu vis actuellement le pire de la situation. Tu dis non, alors tu es sollicitée de partout. Comme si tu refusais de finir l'après-midi avec des copines, et qu'elles te tapent sur l'épaule et te tirent par le bras tout le temps à tour de rôle pour te dire « allez, quoi, viens ! »... et comme tu ne réponds pas, elles ne s'arrêtent pas non plus...

Je reprends mon souffle en pensant à autre chose :

— Tu sais quoi ? J'ai vu il y a dix jours un petit gars de 13 ans qui a un peu le même problème que toi. Laisse-moi te raconter ce qui s'est passé. D'accord ?

— Oui ?

FRANÇOIS

François a 13 ans. Il a une maman très ouverte, qui dispose même d'une sensibilité assez particulière, à moitié clairvoyante, à moitié claire-audiente. Ce mercredi après-midi, elle m'amène François pour un problème très large : du « mal-être ». François est presque obèse, il ne s'entend pas trop avec les autres au collège, car il ne sait pas comment se situer et répondre à leurs façons d'être. Il est vraiment trop gentil, il n'a aucune notion de méchanceté en lui. Et il commence même à suivre de mauvaises influences venues d'on ne sait où, sans doute pour essayer de se faire accepter.

Je parle avec François, et très vite la conversation tourne sur un sujet inattendu : Ce jeune garçon est médium, et refuse de l'être. Il ne veut pas voir, il ne veut pas entendre. Pourquoi ? Parce que c'est horrible de « voir les défunts avec la façon dont ils sont morts. »

« Parfois, dit-il, j'en vois un avec un poignard dans le cœur ou le ventre. Parfois, il a la tête défoncée. C'est horrible, je ne veux pas voir ça. »

— Tu ne veux pas, mais tu les vois quand même, c'est ça ?

— Le problème, vois-tu, Joëlle, c'est que les images, elles s'imposent à lui avant qu'il puisse décider de les voir ou pas : elles sont là. Quand il dit non, c'est trop tard, il les a déjà vues.

Et il ne voit que cela, puisqu'il refuse tout le reste. Je lui explique qu'il refuse le meilleur parce que le pire, qu'il ne peut pas éviter, est là. Mais il ne pourra pas refuser ce pire-là, de toute façon.

Mon raisonnement à l'air de lui sembler juste.

Je lui propose, puisqu'il voit les défunts, de me dire s'il y en a dans mon bureau ou la salle d'attente. Il me dit qu'il y en a trois, qu'il les a observés pendant qu'il attendait son tour.

Je lui propose que nous fassions ensemble le passage de ces âmes errantes. Il accepte.

Avec une pensée pour les expériences faites avec Chiara au même endroit, j'ouvre la porte de la salle d'attente, et je propose à ces défunts d'entrer dans le bureau, on va s'occuper d'eux.

Et là, je propose à François de faire le dialogue circulaire à trois : « Je leur parle, et toi, tu me dis leurs réponses. »

Ils sont trois : deux jeunes hommes et un adolescent.

François s'en sort à merveille, il me traduit des réponses cohérentes à mes questions, Il s'agit d'abord, bien sûr de leur faire prendre conscience qu'ils sont morts, et c'est un moment émouvant... et drôle à la fois : ils sont tous les trois dans un déni fabuleux qui semble ne pas leur poser problème.

Ainsi, le jeune ado, Lucas, dit qu'il vit actuellement dans une autre maison avec un jeune de son âge, mais que *« ce jeune, qui joue beaucoup aux jeux vidéo, doit être sourd, aveugle et muet car il ne lui adresse jamais la parole et ne l'entend pas quand il lui parle »*... et ça ne lui pose pas problème d'imaginer qu'un joueur de jeux vidéo soit aveugle !

Nous dialoguons ainsi — autant pour connaître un peu mieux leur histoire que pour permettre à François de faire une expérience riche et variée, et qu'il prenne confiance en lui. Il y a des détails touchants, des histoires émouvantes.

Puis nous trouvons ensemble le moyen de les emmener vers la Lumière en leur faisant appeler un proche décédé avant eux, et, l'un après l'autre, ils quittent le bureau sous les yeux émerveillés du jeune médium, qui aperçoit la Lumière vers laquelle ils se dirigent.

Le regard de François après cette expérience est brillant, riche d'émotion, de force intérieure. L'adolescent en est changé. Son sourire en dit aussi long que ses yeux.

— Alors, lui demandé-je, as-tu eu peur ?

— Non.

— C'était bien ?

— Carrément !

Un mouvement de la tête accompagne la réponse sans équivoque possible.

— Tu vois que finalement, tu n'as pas d'images plus moches que celles que tu avais déjà... Par contre, tu as pu créer une vraie relation avec eux et les aider vraiment. Et... Je vois bien que tu es fier de toi !

La maman de François, qui a assisté à tout, assise à côté de son fils, est très émue, elle aussi.

Et en le regardant à ce moment-là, je pense que François va pouvoir enfin se regarder en confiance dans la glace. Je ne serais même pas étonnée que cela suffise à lui faire perdre ce surpoids, puisqu'il a enfin accepté qui il est.

Deux semaines après cet épisode, je revois la maman de François : son garçon est transformé ! Il a pris de l'assurance, me dit-elle, et *« vous savez, il l'a refait, depuis! Il a entendu des amis parler de leur petite fille qui n'arrivait pas à dormir dans sa chambre, il a proposé son aide, a trouvé 4 présences, et il a fait ça tout seul».*

JOËLLE

Joëlle a compris le message.

— Mais c'est tout le temps, quand même, se plaint-elle.

— Non, Joëlle. Je vais te dire ce que j'ai dit à François : à partir du moment où tu dis oui, c'est toi qui décides des conditions. Donc, comme les magasins, tu as tes horaires d'ouverture. Tu peux très bien «leur» dire, par exemple, j'écoute le mardi de 19 à 20 et le jeudi de 14 à 15. Et le reste du temps, oust, du balai, c'est fermé. Et tu ne seras pas importunée. C'est aussi simple que ça.

Pareil pour ta main. Tes doigts qui fourmillent trahissent un besoin d'agir, à travers ces sensations insupportables que tu as. Alors décide : mets un panneau à ta porte «le samedi de 16 à 17, je reçois et je soigne.» Point. Et laisse faire.

— Et ça marche ? demande-t-elle, déjà sûre de la réponse.

— Bien sûr que ça marche !

Joëlle se redresse, son regard va déjà vers autre chose, et elle revient vers moi :

— Pourquoi personne ne me l'a jamais dit, ça ? J'ai vu des médiums, des voyantes, des soignants, j'ai vu de tout. Pourquoi personne ne m'a jamais dit ça ?

Franchement, je me le demande. C'est la base !

— Eh bien… Moi je te le dis. Voilà. Ponctuais-je avec un sourire.

Aux dernières nouvelles, Joëlle pense pouvoir faire comme cela. Même si la mise en œuvre est compliquée pour elle, car elle a organisé sa vie actuelle comme une copie conforme de sa vie d'avant. Il lui faudra sûrement un peu de temps, mais elle a les clés. Et je pense vraiment que ces clés ouvrent aussi les serrures de sa maladie auto-immune.

En effet, je ne vois pas bien la logique qui voudrait qu'elle revienne pour aider et soigner (« utilise bien cette nouvelle vie »), et qui lui collerait en même temps une maladie qui l'en empêcherait. Surtout que les exemples ne manquent pas pour nous montrer qu'après une E.M.I. il est assez fréquent d'être guéri, au contraire.

Par contre, je comprends bien le sens de cette maladie face au refus d'aller dans la direction qui a du sens…

TÉMOIGNAGE DE FRANÇOIS

Avant de rencontrer Claire, j'étais comme inutile à mes yeux et voir des morts autour de moi tout le temps sans pouvoir faire quelque chose pour eux me rendait à moitié malade, car je me sentais responsable. Je ne voulais ni les voir, ni les entendre.

Je ne comprenais ni leurs comportements, ni leur langue qui pour moi ressemblait à du latin.

C'était incompréhensible !

C'est quand Claire m'a aidé à mettre « ces fantômes » au paradis, dans la lumière, que j'ai repris confiance en moi.

Maintenant je peux rigoler des fantômes que je trouve et de leurs histoires, ce qui n'était pas le cas avant.

Nous fixons même ensemble des rendez-vous, ce qui me permet d'être moins dérangé tout le temps et du coup plus disponible pour eux, mais seulement à certaines heures ! Sinon, ils ont tendance à abuser un peu parfois !

Avant, trouver devant moi dès le réveil des personnes la tête coupée ou sans membres, c'était pas forcément agréable à voir. Plus petit, j'étais effrayé !

Alors je suis heureux de tout ce que j'ai découvert sur moi et sur ce que je vivais depuis tout petit, sans le comprendre, sans l'assumer.

François »

TÉMOIGNAGE DE LA MAMAN DE FRANÇOIS

« *Depuis votre rencontre, François a changé, autant moralement que physiquement. Il est beaucoup plus joyeux. Nous découvrons chaque jour un peu plus son humour, sa gaîté, sa joie de vivre. Fini le petit garçon timide, qui ne parlait pas et qui était replié sur lui-même. Place à un adolescent à la stature imposante, avec une certaine prestance et qui est toujours tourné vers les autres, surtout les plus petits.*

Il a également beaucoup plus confiance en lui et a relevé en quelques mois de gros défis contre lui-même.

Les plus flagrants, sont le vélo et la piscine. Ces troubles auditifs et ses multiples interventions chirurgicales, (huit en treize ans), avaient formaté son comportement, avec notamment une incapacité à trouver l'équilibre, donc à faire du vélo. Mais également une hydrophobie minime, puisque depuis toujours il avait la stricte interdiction de mettre la tête sous l'eau. Depuis un an, suite à sa dernière triple greffe avec reconstruction du tympan, du cartilage et du conduit auditif, fonctionnellement, plus rien ne justifiait ce manque d'équilibre et cette peur de l'eau. Il a fallu votre rencontre, cette révélation sur ce qu'il est réellement, un passeur d'âmes errantes, pour qu'il reprenne confiance en lui, presque instantanément. Il a appris à faire du vélo en moins d'un mois et plonge dans la piscine et nage sous l'eau sans aucune appréhension.

Mais au-delà de cette révélation pour lui, ça l'a été pour moi aussi. J'ai réussi à renvoyer récemment, et seule, l'âme errante d'une adolescente de 12 ans, brutalement décédée et dont la famille recherchait désespérément le corps. Une très belle expérience, une très belle histoire. Tout comme notre rencontre.

E., maman de François »

NB : Avez-vous remarqué ? François ne VOULAIT PAS entendre sa médiumnité. Comme « par hasard », il a développé des problèmes… d'audition !

Vous aurez aussi noté, j'en suis sûre, que François utilise l'idée des « horaires d'ouverture » que je lui ai proposée, il appelle ça « donner des rendez-vous » pour ne pas être dérangé tout le temps, « sinon ils abusent », ce qui est la crainte de Joëlle ! Eh bien François vous le dit : oui, ça marche.

≈

Si il y a un moment où un être humain lâche prise et redevient plus facilement médium, c'est… au moment de la mort !

— Chiara ?

— Io ascolto, je t'écoute.

— Chiara, je crois que nous sommes tous médium, lui dis-je au terme d'une longue réflexion.

— Claire, je crois que tu as exactement raison, me répond-t-elle sans la moindre expression de surprise. Et peu nombreux sont ceux qui acceptent l'idée d'être médium en toute simplicité, alors que les enfants, jusqu'à 7 ans, le sont souvent et ne se posent pas de questions…

MÉDIUMNITÉ DES ENFANTS

— Pourquoi jusqu'à 7 ans ?

— C'est l'âge où se soude la fontanelle sur le sommet de leur crâne. Cette séparation des deux hémisphères crâniens leur a permis de naître en passant par le bassin de leur mère sans éclater leur cerveau, le rendant malléable. Par cette ouverture ils sont reliés verticalement aux mondes spirituels, à leurs guides, notamment. Plusieurs de nos histoires ici mettent en scène de façon naturelle la médiumnité des enfants ! À 7 ans, les os se soudent, le passage se ferme, et c'est là que la plupart des enfants oublient l'Être Immense qu'ils sont vraiment, et deviennent des *enfants ayant l'âge de raison*, avec le mental qui prend plus de place... Et la sensibilité à l'invisible, moins.

Tu connais cette légende ? L'enfant vient au monde avec la connaissance des Mondes de Lumière qu'il fréquentait avant la naissance. Au moment où il vient à naître, un ange lui pose le doigt tout doucement sur les lèvres en disant « chuuuuut » pour qu'il en garde le secret. De là, le nouveau-né se retrouve vierge de toute connaissance, et arbore la marque de ce petit creux entre la lèvre supérieure et le nez, comme toi et moi... C'est joli, non ? !

En fait, la médiumnité est naturelle, et fait partie de ces compétences que nous n'osons pas développer. Peurs, doutes... il suffirait pourtant de pas grand-chose pour y arriver. Et si il y a un moment où l'être humain lâche prise et redevient plus facilement médium, c'est... au moment de la mort !

MÉDIUMNITÉ AU MOMENT DE LA MORT

— La médiumnité fait partie des accompagnements de la mort dans de très nombreux cas : les mourants voient souvent les personnes qui viennent les chercher. Comme dans les EMI, m'explique Chiara.

À ce moment, je repense à ces deux semaines hors du temps que j'ai vécues, il y a 3 ans bientôt, à la fin de la vie de mon père. Sachant que le moment allait approcher — sans savoir quand —, j'avais pris de la disponibilité dans mon travail, et j'étais allée en train, avec un aller simple, retrouver Maman qui habitait à 650 kilomètres. Ce fut un moment vraiment unique dans ma vie, et je suis heureuse d'avoir pu le faire. Prendre un billet en aller-simple dans ces conditions était une expérience émouvante, un sentiment de mise à disposition de mon temps et de moi tout entière, et de lâcher-prise total : confiance en la vie, en un moment de vie à vivre tel qu'il se présenterait, simplement, sans aucune attente. J'ai vécu dans ces quinze journées-là des moments rares et précieux qui ont vraiment apporté à ma vie quelque chose en plus, révélé des faiblesses aussi, et réparé des « vieilleries » émotionnelles... Et le souvenir inoubliable de ces deux minutes, pas plus, auxquelles j'ai assisté de jour là :

— Chiara, j'ai fait cette expérience très émouvante au moment du décès de mon papa. Je l'ai entendu appeler ou parler à sa maman, à un moment donné. Je sais qu'elle devait être là pour lui. Mais je vais surtout partager avec toi cette minute exceptionnelle dont j'ai été témoin.

J'étais seule avec lui dans la chambre à ce moment-là.

Il reposait dans son lit, étant souvent dans un état proche du coma dans ces derniers jours. À un moment donné, je l'ai vu les yeux ouverts.

Puis, en l'espace d'un instant, je l'ai vu redresser légèrement la tête et les épaules, les yeux dirigés vers le pied de son lit, une expression d'incrédulité sur le visage, et j'ai distinctement entendu qu'il interpellait son frère, décédé depuis des années, par son prénom, avec cette question « *Qu'est-ce que tu fous là ?!* »

Ça m'a profondément émue. Je savais que j'étais spectatrice d'un moment précieux.[12]

— Oui. Et tu vois, la médiumnité fait partie de la vie, tout comme la mort.

— Tu sais, j'ai fait une expérience intérieure de médiumnité qui m'a beaucoup fait rire. Car nos guides, là-haut, peuvent avoir un grand sens de l'humour !

Un jour, je m'adressai intérieurement à mes guides, leur disant que j'aimerais pouvoir dialoguer avec eux simplement.

La « réponse » que j'ai eu la sensation d'avoir, était que ça ne posait pas de problème.

Mais, manquant de confiance dans ces compétences nouvelles pour moi, je leur répondis que je trouvais difficile de savoir si c'étaient d'eux ou de moi que provenaient les réponses.

Et là, ma réponse, je l'ai eu, et j'en ris encore !

J'ai « vu » une banderole genre large ruban bleu tenu par des petits oiseaux, comme la ceinture de *Cendrillon* dans le dessin animé de Walt Disney, tu sais, avec les mots en lettres dorées — comme sur les banderoles des fleuristes, tu vois ? Et en guise de légende, mots et images mélangés, [car c'est

---

12 - Je suis touchée, au moment où j'écris ces lignes, d'un prodige inattendu : Je viens de découvrir que la sortie du livre que vous avez en main est prévue pour le 9 novembre. Il se trouve que c'est le jour anniversaire de la naissance de mon papa. Il m'est impossible de considérer que ce soit un « hasard ».

souvent de cela que leur « langage » est fait, comme me l'a confirmé Chiara] le sens de cela était « tu ne voudrais quand même pas qu'on te parle en lettres dorées cousues sur des rubans bleus tirés par des petits oiseaux ? » J'ai éclaté de rire toute seule dans le silence.

« *Bingo. Oui, si, j'aimerais bien. Mais bon, tant pis, si c'est ça !!* »

Chiara s'en amusa avec moi. Avant de redevenir sérieuse.

— Tu ES médium, Claire. Il te suffirait d'y croire, et tu entendrais aussi bien que moi.

— Tu crois ?

— Non, je le SAIS.

— Ah.

— Et toi aussi... tu le sais.

Je reste dubitative en raccrochant le téléphone quelques instants plus tard.

Quelques jours ayant passé, Chiara revient à la charge.

— Alors, Claire, où en es-tu avec ta médiumnité ?

— Nulle part. Je devrais ?

— Te souviens-tu lorsque tu étais enfant, un jour où tu jouais avec ta sœur dans le grand jardin autour de ta maison, tu as vu quelque chose... Et personne n'a voulu te croire. Tu t'en souviens ?

— Non. D'où sors-tu ça ?

— Je le vois. Attends, je vais t'envoyer cette image par télépathie. Ne fais rien de spécial, juste, laisse venir.

Encore une expérience bizarre, et cette fois, je me dis que Chiara y va un peu fort. Je ne vais pas savoir faire ça.

Et tout d'un coup, avec une émotion immense qui me submerge, je vois clairement dans mon esprit l'image d'une belle femme habillée de bleu lavande, qui marche en balançant son bras droit sur le côté, elle tient à la main un grand chapeau aux larges bords, bleu comme sa robe, et je ne sais pas pourquoi, alors que je la vois traverser un massif d'arbustes et de fleurs de mon jardin d'enfance, c'est comme si quelque chose de profondément enfoui en moi revenait à la surface. Mon cœur bat plus vite, il y a une lame de fond qui bouscule mon cœur et mon estomac, je suis immensément émue. Cette image est à moi, à moi seule, j'ai vu cette scène, je le sais, je l'ai en moi, j'ai vu de mes yeux, il y a longtemps, cette femme évanescente traverser cet endroit précis du jardin, d'un arbre à l'autre, en passant au milieu d'un étalage de pervenches fleuries, de la même couleur que sa robe. L'émotion est intense, comme de retrouver quelque chose qu'on croyait perdu, ou qu'on avait perdu, et auquel on tient si fort. J'en ai les larmes aux yeux.

— Chiara,... je ne sais pas quoi dire. Je me souviens ! Je jouais au jardin avec ma petite sœur, et je l'ai vue là qui passait, ça a duré... 5 secondes, peut-être... mais elle était là... Pourquoi ? Comment ça se fait, si je pouvais voir ça, que je ne peux rien voir depuis ?

— Quand tu as voulu en parler, on a dit autour de toi « *Claire a beaucoup d'imagination.* » D'ailleurs, tu ne les a pas fait mentir, et depuis, tu as développé ton imagination, n'est-ce pas ?

— Oui, ça c'est vrai. (Je ris entre des larmes silencieuses.) Mais tu vois, avec tout ce que tu me fais découvrir depuis quelque temps, j'ai l'impression que mon imagination n'est pas si grande que ça : je n'aurais pas eu idée d'inventer toutes ces histoires d'âmes errante, d'invisible, et Cie... !!

Chiara rit :

— Moi non plus ! concède-t-elle. Mais je te parie que ce n'est pas ce que diront tous les gens à qui tu vas en parler — ou qui te liront !

Je ris avec elle, un peu froissée quand même : avoir de l'imagination ne dispense pas d'être honnête, alors si j'ai proposé de raconter des récits véridiques, ça me vexerait qu'on colporte que je fais preuve d'imagination.

Et subitement, cette prise de conscience : alors, quand j'étais enfant, si je n'avais pas accepté qu'on traite mon récit d'« imagination », peut-être aurais-je vraiment développé ma clairvoyance, au lieu de ma créativité ? ! Zut, quand même ! On m'a appelée Claire, en plus, ça aurait pu couler juste de source, cette clairvoyance !

Chiara doit voir toutes les émotions se succéder sur mon visage. Merci Skype ! Elle semble lire en moi comme dans un livre.

— Bon, alors... Tu vois que tu as cette perception extra sensorielle à ta disposition ? Il ne te reste plus qu'à prendre confiance en toi, et zou, tu utilises ta médiumnité comme tu veux !

Prendre confiance en moi, dans ce domaine, c'est loin d'être gagné : quelques années après cette expérience qui m'a tant remuée, si j'ai bien intégré l'idée que la médiumnité fait partie de mon potentiel, je ne l'ai toujours pas développée davantage.

Pourtant, Chiara a bien essayé de m'y pousser, avec quelques résultats épars, je dois le dire. Comme cette soirée bizarre chez elle, dans sa petite maison chaleureuse, un beau jour d'été.

— Claire, j'ai mis dans ta chambre quelques meubles qui viennent de chez la Mama, en Italie. Ce sont des meubles de famille, il y a en l'occurrence une chaise très ancienne, qui vient d'Espagne, en bois ouvragé, avec l'assise et le dosseret en cuir travaillé gravé de motifs hispanisants. Une merveille. Juste un tout petit peu bancale, évite de t'asseoir dessus, d'accord ? Mais regarde là de près, surtout...

Je fronce les sourcils. Chiara semble me passer un message, ce disant, et je ne comprends pas ce qu'elle veut me dire. Sans doute encore une de ses façons de me faire avancer sur le chemin des explorations. Je monte l'escalier en décidant que je vais donc observer cette chaise de près. Chiara monte les marches derrière moi, et je me fais la remarque qu'elle s'attend à quelque chose et veut être là pour voir. Quoi encore ?!

Je pose mon sac près de la table de nuit, et vise la chaise en cuir ouvragé, dans un coin de la petite pièce, près de la fenêtre mansardée. Me souvenant de ce que Chiara m'a déjà appris, je m'approche de la chaise en me demandant intérieurement de ressentir ce qu'il y aurait à ressentir, et suffisamment fort pour ne pas passer à côté.

Je tends les mains, comme elle m'a montré, comme si je voulais me chauffer devant une cheminée allumée.

— Ça picote, dis-je.

Chiara, m'observant comme si j'apprenais à marcher sans donner la main, sourit, encourageante.

— Ca picote et ça chauffe un peu, ajouté-je.

Chiara fait un signe de tête.

Je bouge alors les mains pour définir les « contours » de ce qui me picote de la sorte. Je définis vaguement que ça pourrait être une silhouette assise sur la chaise en cuir. Je me tourne vers Chiara :

— Il y a quelqu'un, assis sur cette chaise ?

— Exact. Maintenant, essaye de la voir. Tu peux. Fronce légèrement tes yeux, défocalise ton regard, et ne cherche pas à « voir ». Laisse juste une image venir. Décris-moi ce que tu vois ou ce que tu ressens.

— Euh... T'es sûre ?

— Vas-y, cara bambina del mio cuore[13], enchérit-elle patiemment.

Même si je n'ai aucune idée de ce qu'elle vient de dire, cela semble tout à fait bienveillant.

— Bon allez, j'invente... : Du violet, une longue robe violette. Une femme brune, elle est en train de se coiffer toujours le même geste avec une brosse, euh... un truc comme ça ?

Enthousiaste, Chiara confirme chaque détail : *« C'est quand même terrible que tu aies besoin de dire que*

---

13 - Chère enfant de mon cœur.

« tu inventes » pour t'autoriser à voir, Claire ! souligne-t-elle

— Toujours les mêmes gestes, c'est qu'elle est coincée ?

— Oui. Tu vois la tête qu'elle fait ? Tu sens ses émotions ?

— Euh... pas très sûre... dis ?

— Elle est en colère. Une colère très forte. C'est ça qui « picote » tes mains. Et ça l'empêche de partir.

— Mais... tu crois qu'elle est morte en se coiffant sur cette chaise ? Du genre « *cause du décès : se coiffait sur sa chaise, en colère contre quelque épi rebelle* » ? (Parfois, je ne peux pas m'empêcher de faire le pitre.)

— Non, pas nécessairement. Mais dans sa colère, une fois morte, elle a repris une attitude habituelle, en l'ocurences s'asseoir sur cette chaise, et elle y est restée coincée dans son émotion qu'elle rumine. On s'en occupe ?

— Ok.

Je me sens aussi émoustillée que si Chiara avait manigancé un jeu de piste pour m'accueillir chez elle. Mais en même temps, j'ai grandement conscience que ce n'est pas un jeu. Ce que nous allons faire est nécessaire au salut de cette âme errante, coincée là. Je respire à fond, et m'installe tandis que Chiara s'assoit sur le lit.

— Comment vous appelez-vous ? entamé-je la conversation avec la femme en violet.

« — Qui êtes-vous ? Qui vous a autorisée à vous adresser à moi ? » reçois-je comme réponse, d'un ton très hautain et comminatoire, après quelques instants.

Je sursaute. Chiara y met le ton, je reconnais à peine sa voix douce habituelle !

— Euh… Je m'appelle Claire.

« — Vous êtes ma nouvelle camériste ? »

Je regarde Chiara avec une interrogation dans les yeux.

Elle me fait signe que je réponds comme je veux.

— Non.

« — Vous avez volé mes bijoux ! Et ma ceinture en or avec le cabochon ! Elle a disparu ! » affirme-t-elle en m'agressant d'un ton odieux

— Non, je n'ai pas pris vos bijoux. Mais si vous voulez, je vous donne les miens, je les pose là, sur la petite table, prenez-les !

J'ôte mon collier fantaisie et mon bracelet dont les pampilles s'entrechoquent avec un petit bruit doux, et les pose sur la table. J'espére lui démontrer qu'elle ne peut pas les attraper, et ainsi lui faire découvrir son état d'âme errante…

Mais Chiara me dit à ce moment qu'après avoir jeté un regard dédaigneux sur mes bijoux fantaisie, elle décline l'offre d'un air rogue :

« — Ils sont affreux. Ça ne m'intéresse pas ; je veux mes bijoux. C'est vous qui avez volé mes bijoux ? Où est ma camériste ? Appelez-moi les gardes ! » assène-t-elle sans décolérer.

— Non, on ne va pas faire comme ça. Par contre, vous êtes dans la maison où je dors, dans ma chambre, lui réponds-je. Regardez : mon lit, ici, avec mon amie Chiara assise dessus, cette petite table, ce fauteuil, là-bas…

Je sais qu'en les lui montrant, je lui en donne l'accès visuel. Je la sors de son enfermement.

« — C'est très laid. C'est une vilaine chambre de bonne. Vous êtes très mal habillée. Vous êtes une bonne ? Pourquoi je parle avec une bonne ? Où est ma camériste ? »

— Je ne suis pas une bonne. Vous êtes juste dans ma maison, et je pense que vous êtes morte en même temps que la personne a pris vos bijoux. Je crois que vous êtes morte, que vous êtes très en colère, et que vous êtes restée sur cette chaise qui est maintenant dans ma chambre. Et je crois que vous ne l'avez pas vu, que vous ne voulez pas le voir. Et si vous en voulez la preuve, essayez de prendre mes bijoux dans vos mains, et vous verrez que vous ne pouvez pas. Vous êtes ici ce qu'on appelle... un fantôme.

Elle prend l'air furieux, puis dubitatif, hausse les épaules, et regarde mieux autour d'elle, réajustant sans doute sa vision en sortant de son « enclos » émotionnel. Chiara me décrit tout cela à mi-voix pour que je suive ce qui se passe, car je n'ai pas réussi à maintenir la vision de cette forme violette pendant que je me concentrais sur tout ce travail de dialogue !

— Et maintenant, le mieux à faire, c'est de regarder autour de vous : Qui est venu vous chercher ? Et vous pourrez le suivre. Regardez autour de vous... ou appelez des personnes que vous aimez, pour qu'elles viennent vous chercher ??

Aussi désagréable au réveil que dans sa torpeur, l'Espagnole doit apercevoir une connaissance à elle, et part sans un mot aimable, me dit Chiara.

— Et c'est amusant, ajoute-t-elle. Je l'entendais en Espagnol, qui est une langue que je ne connais pas, mais j'avais la traduction instantanée sans réfléchir, de même qu'elle devait te comprendre en espagnol alors que tu lui parlais français !

— Mouais... Ca fait comme Margot avec son chien et son rongeur[14]... ! m'amusé-je en guise de conclusion.

≈

— Chiara, pourquoi tu m'as mis l'histoire
avec la vieille espagnole sur sa chaise dans
le chapitre médiumnité ?
— Tu me le demandes ?
— Oui, je te le demande...
— Voyons Claire, réfléchis... est-ce qu'en cette
occasion tu n'aurais pas l'impression
qu'il y a eu de la médiumnité ?
— Oui, toi, comme d'habitude, tu entends tout...
— Oui, et toi, pour une fois, tu as accepté de voir... ?
— Ah, euh... oui. Ok Tu y tiens vraiment, hein ?
— À quoi ?
— Que je sois médium !
— Moi, j'y tiens vraiment ? Tu crois ?

Sur cette expérience hors du temps, l'Espagnole étant restée coincée apparemment sur sa chaise depuis le XVe siècle, nous reprenons le cours de

14 - Voir chapitre 2.

notre journée. Je viens d'arriver, et une tasse de thé me fait le plus grand plaisir.

≈

Évidemment, c'est l'occasion rêvée pour Chiara de m'emmener à nouveau dans des territoires à explorer. J'ai « accepté » de voir cette vieil existe également la « claire-connaissance » : là, on sait des choses sans savoir comment on les sait ! On connait les gens sans les avoir jamais vus avant... On peut...

— Chiara, combien y a-t-il de sortes de médiumnités ?

— C'est-à-dire ?

— Entendre, voir... tout cela, c'est de la médiumnité ou pas ?

— Ah, ok.

Chiara se rassoit dans sa chaise, se concentrant pour mettre de l'ordre dans ses pensées. J'aime ces moments où je sais que j'apprendrais encore tant de choses incroyables, qui me semblent juste de plus en plus réelles.

— Médiumnité est un mot qui parle d'être intermédiaire. Même famille de mot « interMEDIaire », « MEDIum » ; « MEDIas » aussi : tout ce qui se positionne « entre ».

Là, c'est entre le visible et l'invisible.

En général, on parle de médiumnité pour l'intermédiaire entre les défunts/l'au-delà, et les vivants/humains. Donc ce sera transmettre des messages reçus par l'audition, la claire-audience, ou visuellement, par la claire-voyance, qui sont toutes les deux des « perceptions extra-sensorielles », c'est-à-dire qu'on n'entend, ou on ne voit pas avec nos organes humains. Par contre, les humains étant ce qu'ils sont, dans leur envie de tout ranger trier et cataloguer, on parle plus de « clairvoyant » ou de « clair-audiant » pour des personnes qui ne disposent que de l'une ou l'autre de ces perceptions. Médium est un terme plus global. Ensuite, il existe également la « claire-connaissance » : là, on sait des choses sans savoir comment on les sait ! On connait les gens sans les avoir jamais vus avant... On peut...

— Oooh ! l'interromps-je comme me parlant à moi-même.

Puis la regardant :

— Chiara, ça m'est arrivé, ça !

Chiara rit.

— Je n'arrête pas de te le dire ! Raconte ?

— Oh, c'est idiot, un jour, je recevais une jeune femme qui se plaignait de difficultés relationnelles avec son mari. Et tu sais, lorsque j'interviens dans un dialogue avec les gens, je prends toujours mes exemples dans des trucs un peu « extrêmes » pour être sûre qu'ils ne fassent pas d'amalgame avec ce qui leur arrive : qu'ils entrevoient une nouvelle piste, oui, mais qu'ils choisissent la leur, sans plaquer sur leur vécu ce que j'aurais pu dire, tu vois ? En gros, si je voulais qu'ils réfléchissent par exemple à l'idée d'avoir un animal de compagnie, je pourrais leur demander s'ils auraient déjà penser à adopter une girafe... En bref, je dis des choses fantaisistes, quoi. Et souvent, pour « choisir » mes exemples fantaisistes, je laisse aller mon... imagination ? Là, j'ai eu une sorte d'image en tête, qui m'a paru suffisamment décalée... Alors, comme je voulais savoir ce que ma nouvelle patiente trouverait « normal », avec son mari, je demande à cette dame « *bon, vous avez du mal à communiquer, et vous me dites qu'il ne vous laisse pas assez de liberté pour que vous vous sentiez chez vous dans la maison... Mais par exemple, il se passerait quoi si vous vouliez repeindre un mur du salon en rose bonbon pour vous faire plaisir, si lui n'aime pas le rose ? Et... vous le feriez ? ou pas ?* »

C'était bête, hein, comme exemple décalé ? ! J'avais l'image d'un mur rose dans un salon. Et là, je vois ma patiente les yeux ronds et la bouche grande ouverte, qui me dit finalement : « *Bah comment vous le savez ? !... J'ai peint le mur en rose, juste un seul mur du salon, et il n'a pas aimé du tout, on s'est encore disputés.* »

Chiara sourit.

— Ah ! Tu vois ? ! « Sciocchi e tardi di cuore nel credere alla parola dei profeti ! »[15], déclama-t-elle d'un air bienveillant.

— Là, c'était juste drôle... ! Ça m'est arrivé une autre fois, enfin, plusieurs autres fois... et à chaque fois, c'est comme si je savais des choses avec une certitude absolue, comme si tout d'un coup, chaque chose, vue de cette façon, avait un sens profond, une raison d'être,... comme si tout pouvait s'expliquer facilement en tenant compte de ça. C'est très curieux. Déstabilisant, même. Surtout avec Estelle, je me souviens :

---

15 - « *Que vos cœurs sont lents à croire la parole des prophètes !* » Évangile St Luc, 24.

Estelle ne comprenait pas l'attitude de ses parents dans une situation qui était très difficile à vivre pour elle, et que je ne souhaite à personne. Ses parents, bien qu'informés, semblaient ne pas prendre la mesure de la situation de leur fille. Elle avait l'impression qu'ils ne l'entendaient pas, et ils étaient incapables de réagir pour la réconforter, ou l'aider à agir... Estelle en souffrait beaucoup, et me décrivait en long et en large cette communication défaillante avec ses parents. Et subitement, sans préméditer ni pouvoir retenir quoi que ce soit, — *c'est sorti tout seul* — voilà que j'affirme à Estelle «*Mais... il est arrivé exactement la même chose à votre père quand il avait votre âge! C'est pour cela que vos parents n'arrivent pas à gérer pour vous, ça les touche de trop près! Et personne n'avait su l'aider à ce moment-là.*» Là, si j'avais été consciente de ce que je disais, je ne l'aurais pas dit : ce n'est pas une façon de mener une thérapie !! Mais... je n'ai pas le sentiment d'avoir eu le choix. Il fallait que ça sorte, «avec ou sans moi». J'ai vu Estelle changer de visage, baisser les yeux, faire silence, puis très progressivement, relever la tête. Au terme d'une réflexion intérieure très expressive, elle est sortie de sa bulle en me regardant droit dans les yeux, pour me dire «*Vous avez raison, je suis sûre que c'est vrai. Ca explique tout : ceci, et cela, (elle me donne des détails dont elle n'avait pas parlé avant) et je comprends maintenant pourquoi ci et ça...*» C'était incroyable, parce que tout devenait évident pour elle, alors que ni elle ni moi, deux minutes avant, ne pouvions imaginer une seule seconde que ce que j'ai dit était vrai !!!

— Donc ce n'était pas une façon de faire de la thérapie, mais ça l'a aidée de façon monumentale ? résume Chiara.

— Euh... oui. Certes. Elle est partie apaisée, tout en me disant qu'elle n'aurait pas voulu que son père ait la même mésaventure qu'elle vivait si mal actuellement. Mais elle se sentait plus proche d'eux.

— Alors Claire, es-tu médium ? me demande Chiara après un temps de silence.

— Euh... parfois ?

Je fais semblant de ne pas entendre le gros soupir que Chiara pousse à ce moment-là.

Par contre, j'avoue que je repense souvent à cette obsession de Chiara pour me faire admettre que je suis médium. En fait, j'aimerais vraiment l'être sans me poser de question. Je prends goût à partager mon attention entre le monde des vivants et le monde des morts. Alors la médiumnité serait pour moi un excellent moyen de faire le lien entre les deux.

LA DEMOISELLE DE ROCHEFORT

C'est deux mois plus tard que prend place cette histoire touchante. Nous sommes, Maurice et moi, en partance pour des vacances dans la région bordelaise, en faisant une halte à Rochefort, où il a réservé pour nous une délicieuse chambre d'hôte, à deux pas de la Corderie Royale, dans une magnifique maison du XIXe siècle.

Notre hôte nous précède dans la chambre qu'elle nous a réservée au premier étage, et qu'elle a baptisée « Hermione ». Un beau plancher de parquet brillant sous nos pieds, une hauteur sous plafond très agréable... un grand et large lit et des meubles anciens dans un décor de qualité... Toutes les raisons de bien dormir.

Mais voilà qu'après avoir éteint la lumière, dans le calme, il me semble ressentir une présence au milieu de la pièce, au pied du lit. Je « regarde », et à ma grande surprise, je « vois », ou bien ai-je rêvé ?, une jeune femme tenant dans ses bras un bébé enveloppé dans des linges clairs. Elle-même est habillée d'une longue jupe de drap et d'une blouse, dans des tons vieil ocre. Je lui « parle » alors mentalement, et « entends » les réponses dans ma tête.

— Que faites-vous là ? lui demandé-je pour attirer son attention, afin de la faire sortir de sa « bulle ».

— Mon bébé. Il va très mal. Aidez-moi, de grâce ! Il va mourir !

Sa voix est angoissée. Elle regarde son bébé enveloppé de chiffons. J'ai le sentiment de « savoir » à ce moment-là, que cette jeune femme est une fille mère, — elle a tout au plus seize ou dix-sept ans — et qu'elle se sent enfermée dans cette maison. Il me semble aussi que cet enfant est mort avant elle. Mais ce n'est pas le genre de chose qu'on dit à une maman, fut-elle, elle aussi, morte depuis des dizaines, des dizaines, et des dizaines d'années...

Il faut donc que je puisse la diriger vers « la Lumière », et utiliser ce qu'elle me dit pour cela. Avant même que je réagisse, elle est à côté de moi, et pose son bébé emmailloté sur le bord de mon oreiller, en me demandant à nouveau si je peux l'aider. Émue, je « regarde » cet enfant au visage calme et apaisé de poupée, qui semble dormir profondément. Mais qui ne respire pas.

La maman attend ma réponse, anxieuse.

— Il faut que vous regardiez autour de vous, il va y avoir de la Lumière pour vous guider jusque chez un médecin pour votre bébé. Voyez-vous la Lumière ? Regardez bien… une grande grande Lumière très douce, avec des gens qui vous appellent pour vous emmener avec eux… Vous pouvez leur faire confiance, je vous promets.

Elle reprend son bébé dans ses bras avec douceur, et regarde vers la fenêtre, dont le rideau n'est d'ailleurs pas complètement tiré, et laisse apparaître la lumière des lampadaires dehors.

— Là-bas, tout au fond, cette Lumière-là ? me demande-t-elle, me faisant par-là comprendre que ce n'était pas la lumière des lampadaires qui retient son attention, mais une autre, plus haute, plus loin, plus grande.

— Oui, c'est bien cela. Regardez dans cette Lumière-là et appelez pour qu'on vienne vous chercher avec votre bébé. Ils vont venir et vous serez en sécurité et votre bébé aussi. D'accord ?

— Merci, murmure-t-elle à peine en se fondant dans la nuit éclairée au-delà de la fenêtre, en serrant son paquet précieux tout contre elle.

Cette histoire émouvante accompagne une partie de ma nuit sans sommeil où je me retourne dans le lit toutes les cinq minutes : Je me demande si j'ai fait suffisamment bien, si je n'ai pas rêvé, ou inventé toute cette histoire qui m'a remuée. Et je revois alors en pensée le bébé posé sur mon oreiller tout près de moi, et ressens à nouveau l'angoisse de cette jeune maman... Chiara seule peut me confirmer ou pas ce qui s'est passé. Je l'appelle donc au matin, et lui raconte tout en détail. « Ai-je rêvé ou pas ? »

Elle se concentre un moment pour « lire » les évènements. Elle me confirme la présence de cette jeune femme dans ma chambre la veille — et depuis une éternité — et son départ cette nuit. Elle me confirme également que le bébé était mort d'une vilaine fièvre, et que la maman était une fille-mère très pauvre, qui faisait partie des servantes de la maison d'avant celle-ci (sur le même terrain), et n'avait aucun moyen de faire soigner son enfant. Puis elle me semble tout émue en me remerciant de ce que j'ai fait pour l'aider. Il me semble qu'elle me remercie d'avoir accepté ma médiumnité.

≈

L'accepter ne m'a jamais posé problème. Et ne m'en pose toujours pas quelques années plus tard.

Malencontreusement, ce qui s'est passé à Rochefort fut une des rares fois où je pus « l'utiliser ». Au jour où j'écris ces lignes, plusieurs années après, je n'ai pas développé davantage cette médiumnité latente, même si je suppose que ça ne doit pas être très loin de moi.

Peut-être parce qu'à chaque fois que je pourrais le faire, je me réfugie derrière les personnes que je connais et qui, elles, ont toute ma confiance, Chiara en tête !

FAIRE APPEL À UN OU UNE MÉDIUM, OUI OU NON ?

Dans les situations de deuil, il m'arrive parfois d'adresser mes patients à une médium.

Pourquoi ? Parce que dans certains cas, et pour diverses raisons, le deuil est vraiment très difficile à faire. Avec la médium, leur défunt va se manifester en se faisant reconnaître, et cela permettra aux vivants éplorés de réduire la distance et la coupure violente que le deuil leur a imposées : s'il s'exprime à travers la médium, c'est que leur défunt n'est pas « tout à fait » disparu, il n'est pas si loin.

Ces séances sont souvent poignantes, et toujours bienfaisantes.

Bien entendu, il faut choisir son médium avec soin.

Le médium qui communique avec votre défunt vous donnera des éléments proposés par le défunt pour se faire reconnaître. Mais il faut savoir que des éléments tous simples pour nous peuvent devenir très complexes une fois désincarné. Ainsi, il leur est souvent plus facile de communiquer en images qu'en mots, aussi cela demande au médium d'être capable de décrire ce qu'il voit. Il utilisera pour cela ses mots à lui, vraisemblablement, et pas forcément ceux que vous attendez de votre défunt.

Les prénoms ou les noms ne sont pas toujours faciles à obtenir, car ils n'ont pas de valeur particulière en dehors de notre vie humaine.

Parfois, les médiums ressentent les sensations que leur transmet le défunt. Toute la délicatesse pour eux consiste alors à décrire ces ressentis avec des mots, ce qui n'est guère simple non plus.

Parfois aussi, les défunts transmettent des informations que vous ne connaissez pas, et vous avez alors l'impression que le médium dit n'importe quoi… jusqu'à ce que vous trouviez l'information qui prouve la réalité de ces propos !

Je me souviens de Christian, qui a eu affaire à une médium très compétente. Celle-ci lui dit que son père lui apparaît avec une moustache, et Christian de certifier illico que son père n'a jamais porté la moustache. Il n'en faut pas plus pour qu'il doute un peu de ce qu'il entend ensuite. Mais le week-end suivant, Christian, chez sa maman, feuillette un album de photos anciennes, et tombe sur une photo datant d'avant sa naissance, où son père porte la moustache. Le fait que son père ait souhaité se montrer sous cette apparence-là appartient à son père : les défunts choisissent leur apparence. Mais la médium « avait raison » d'insister en évoquant la moustache… Fort de cette découverte, Christian l'a rappelée plus tard et cette fois, l'a crue plus volontiers !

Véronique, que j'ai dirigée vers la même médium que Christian, s'est trouvée en relation avec sa grand-mère maternelle, qu'elle aimait beaucoup. La grand-mère de Véronique en a profité pour signaler à sa petite-fille d'où venaient ses problèmes de santé, et cela s'est avéré juste par la suite, permettant à Véronique de se soigner.

Par contre, j'ai voulu de mon côté « tester » un médium afin de savoir s'il me semblait digne que je lui envoie éventuellement des personnes en demande. Pendant notre heure de conversation téléphonique, payée au prix fort avant le rendez-vous, il m'a longuement raconté son livre — que j'avais lu —, puis m'a ensevelie sous des conseils alarmistes n'ayant rien à voir avec la médiumnité : Me disant de faire attention à d'éventuels soucis cardiaques, par exemple : je suis née en août, il le savait, et l'astrologie nous dit que le point faible des lions peut être le cœur, il n'avait pas besoin d'être médium pour me dire ça. Par contre, si je n'avais pas eu le cœur solide, il y avait de quoi le faire lâcher, vu son insistance. Je vous rassure : ça fait des années, et je vais bien. Ouf. Pourquoi vouloir absolument faire peur aux gens ? ! Avoir dû pouvoir sur eux ?

Pour finir, dans le dernier quart d'heure de notre conversation j'ai fait l'objet d'un mitraillage en règle de questions répétitives « C'est qui Germaine ? C'est qui... » untel, machin, truc, etc.. « De qui s'agit-il ? » lui demandé-je. « Ce sont des ancêtres à vous, ils sont là, ils me disent leurs prénoms », me répond-t-il avec un aplomb phénoménal. Or ces prénoms ne figurent pas dans mon arbre généalogique, lequel est très complet sur de nombreuses générations. Et puis au moins y avait-il un message de leur part à méditer, qui justifierait leur nombreuse présence ? Non : rien ! Ce « médium » s'est montré incapable de me dire plus qu'une kyrielle de prénoms non vérifiables ! Or, comme je vous le disais, les prénoms ne sont pas une priorité pour nos défunts, il est assez rare qu'ils en transmettent. Alors toute une liste !! Aucun message. Rien de tangible, rien de concret : Pour moi, cet homme est un charlatan. Ça existe, et il faut le savoir !

À côté de cela, Stéphane Allix, dans son livre « Le Test », comme dans ses vidéos « Enquêtes Extraordinaires », a su mettre à l'épreuve un certain nombre de médiums dont les résultats sont bluffants pour la plupart. Il est donc important d'être circonspect, mais aussi d'aller sans a priori vers cette découverte.

À vous de voir si vous désirez ou non faire la démarche. Cela peut se révéler très troublant, mais particulièrement apaisant pour un deuil.

Ne donnez pas d'indications à la personne médium. Confiez-lui simplement une photo, et éventuellement un prénom. Laissez-la vous dire ce qui lui vient. Dites-en le moins possible. De cette façon, vous serez davantage satisfait du résultat, car plus sûr de ce qui s'est réellement passé.

≈

From ClaireB
To ChiaraDellaLuna
Objet : une petite histoire drôle ?

Alors, Chiara, médiumnité, voyance, ça va ensemble, n'est-ce pas ? Tiens, regarde :

Une femme va consulter une voyante.
Celle-ci lui tire les tarots et dit :
– Vous allez rencontrer un homme brun, très séduisant et riche. Je vois de la passion et un mariage. Vous connaîtrez un bonheur sans nuages et vos désirs seront comblés…
– Oooh ! Fabuleux ! Mais je peux vous poser une question ? dit la femme
– Bien sûr
– Voyez-vous aussi comment je vais me débarrasser de mon mari actuel ?

From ChiaraDellaLuna
To ClaireB
Objet : Re : une petite histoire drôle ?

Oui, la voyance est une forme de médiumnité, qui utilise parfois des supports, comme les cartes de Tarot (ou de ton jeu « Mille Mercis », Claire, je ne t'apprends rien ;-)) Toutes sortes de supports existent…
Tiens, voici une autre histoire :

Un homme va consulter une voyante.
– Voyante : Je vois… Je vois… Je vois que vous avez trois enfants.
– Homme : Ça, c'est ce que vous croyez ! J'ai quatre enfants, madame.
– Voyante : Ça, c'est ce que VOUS croyez !

From ClaireB
To ChiaraDellaLuna
Objet : Re : Re : une petite histoire drôle ?

Toutes sortes de support tu dis ?
Alors sais-tu comment on appelle une voyante qui utilise le sucre en poudre comme support ?
C'est une voyante extra-Glucide… ! ;-)

PLUSIEURS NIVEAUX DE CONSCIENCE. LA NOTION DE KARMA

C'était il y a une trentaine d'années, je me revois, enceinte, et rêveuse… La main posée sur mon ventre rond plein de vie, je pense à cet enfant qui ne sait pas encore ce que vivre sur Terre voudra dire pour lui. Bien au chaud à l'intérieur de moi, dans une forme de vie extrêmement évolutive où chaque jour apporte des changements immenses, il ne peut avoir qu'une conscience du présent, me dis-je. Il bouge, ou il dort, ou il suce son pouce, ou il a le hoquet, et cela occupe tout l'instant. Il ressent le calme, le bruit, le stress, la tendresse, et cela le remplit tout entier… Il n'a pas de conscience du « début » de la grossesse j'imagine, puisque son développement s'est fait graduellement, mais il ne peut pas avoir non plus de vision de ce qui va venir, et il ignore tout de la naissance.

J'en sais plus que lui !

Et je me prends à faire le parallèle entre ce qu'il vit là où il est, et ce que nous vivons là où nous sommes.

Tellement présents sommes-nous à ce qui se passe en ce moment. Comment imaginer qu'il puisse y avoir un autre contexte, autre chose, un après différent ? Et pourquoi pas ? Je vois bien que je suis incapable de me souvenir de la période où j'étais, moi, dans le ventre de ma mère. Alors je me plonge dans cette rêverie de parallèles inspirants...

Toi, mon bébé, tu ne sais pas ce que tu vas devenir. Tu ne te poses même pas la question, tu ne peux même pas « imaginer » que la vie soit différente un jour de ce qu'elle est en ce moment, et pourtant... ! Nous, autour de toi, nous ne pensons qu'à ce moment où tu vas arriver au milieu de nous ! Et nous allons t'accueillir avec tant de joie ! Et nous ignorons beaucoup de choses de ce que tu vis en ce moment, tes ressentis, tes sensations...

Et nous qui sommes ici, de la même façon, nous ne pouvons pas imaginer comment ce sera de mourir, et ça pourrait bien être une nouvelle naissance vers autre chose.

L'un n'est pas plus absurde que l'autre. Il n'y a pas de raison pour que la mort soit moins vivante que la naissance. Du point de vue de celui qui doit le vivre, c'est l'inconnu dans les deux cas. Mais du point de vue de celui qui attend la venue de l'autre, alors c'est dans les deux cas une occasion d'accueillir avec amour.

Ces pensées m'occupaient magnifiquement.

C'est bon nombre d'années plus tard que j'ai découvert ce texte, avec une émotion que vous imaginez sans doute.

DEUX JUMEAUX DISCUTENT DANS LE VENTRE DE LEUR MÈRE

Pierre : Et toi, tu y crois, à la vie après la naissance ?

Louis : Bien sûr ! C'est évident que la vie après la naissance existe ! Nous sommes ici pour nous préparer, devenir grands et forts pour ce qui nous attend après...

Pierre : Pfff ! N'importe quoi ! Il n'y a rien après la naissance. À quoi ressemblerait une vie en dehors du ventre, voyons !

Louis : Eh bien, il y a beaucoup de choses qui circulent sur « l'autre côté »... On dit que là-bas, il y a beaucoup de lumière, beaucoup de joie et d'émotions, des milliers de choses à vivre... par exemple, il parait que là-bas, on va respirer de l'air avec notre nez, marcher et courir avec nos jambes, et puis on va manger avec notre bouche !

Pierre : Respirer avec le nez ! Marcher avec nos jambes ! Manger avec notre bouche ! Ah, tu es trop drôle !! Nous avons un cordon ombilical, et c'est par là qu'on se nourrit, tout le monde sait ça, voyons ! On ne se nourrit pas par la bouche, c'est ridicule ! Et bien sûr, personne n'est revenu dans le ventre après la naissance, pour nous dire tout ça. Ce sont des histoires de personnes crédules. La vie se termine avec la naissance, voilà tout. C'est comme ça.

Louis : Eh bien moi je pense autrement. C'est vrai, je n'ai pas une idée très précise de comment ça sera, et je ne peux pas te le prouver. Mais j'aime croire que dans la vie qui vient après la naissance, nous verrons notre maman, et elle s'occupera de nous parce qu'elle nous aime.

Pierre : Maman ? Tu veux dire que tu crois en « maman » ??? Qui nous aime, en plus ? Et où tu vois qu'elle nous aime, là ? Et elle est où, d'abord ?

Louis : Mais… partout, tout autour de nous… Nous baignons tout entiers en elle… nous sommes faits d'elle et c'est grâce à elle que nous vivons ! Sans elle, nous ne serions pas là !

Pierre : C'est absurde ! Je n'ai jamais rien vu qui ressemble à maman ici. Il est évident qu'elle n'existe pas.

Louis : Je ne suis pas d'accord avec toi. Tu sais, parfois, lorsque tout devient calme, on peut entendre quand elle chante. On peut sentir quand elle caresse notre monde. Je suis certain que notre Vraie vie va commencer après la naissance…

≈

— Chiara, regarde : j'aime tellement ce texte et ce qu'il véhicule ! Tu connais ?

Chiara lit ce texte avec attention. Je vois un sourire tendre se dessiner sur ses lèvres.

— C'est le sens même de la quête spirituelle ! dit-elle seulement.

— Tu sais, c'est amusant... J'ai souvent l'impression de vivre « à deux étages ». À la fois ici et là-bas, à la fois terrienne à 100 % et spirituelle à 100 %...

— Ça fait 200 % de Claire, alors ? se moque-t-elle

— Oui. Je me sens très riche de mes 200 % ! Na !

— Mais parfois, ajouté-je en redevenant sérieuse, c'est vrai que ça complique un peu la façon de communiquer avec les autres... Tu vois, je ne peux pas m'empêcher de voir toujours toute situation comme un évènement humain et un évènement spirituel *en même temps*.

L'évènement humain peut être très douloureux, et alors j'ai beaucoup de compassion pour la dureté de cette vie humaine confrontée à des émotions aussi lourdes...

Mais j'ai aussi la pensée que cette situation a un sens spirituel profond, que rien n'est lié au hasard, et qu'il ressortira quelque chose de nécessaire de ce qui se passe... Pas forcément agréable, mais nécessaire... tu vois ce que je veux dire ?

Chiara hoche lentement la tête.

— Oui, je comprends parfaitement. Et c'est vrai que ces « deux étages » demandent encore plus de compassion, sinon, très vite on risque de se réfugier dans la pensée fataliste... Être trop « deuxième étage », ce serait oublier que même si c'est nécessaire, comme tu dis, ça n'en reste pas moins douloureux, ou violent, ou brutal, ou juste complètement inacceptable sur le plan humain, au « premier étage ». Et ce serait terrible de devenir froid, inhumain, se couper de la réalité de la vie sous prétexte d'être spirituel !! Parce que la réalité de la vie, ce sont justement les émotions. Celui qui vit et accepte ses émotions, il est dans le vrai…

— C'est ça. Il faut vivre profondément humain, et en même temps accepter le sens spirituel des choses… Car des choses inacceptables sur le plan humain peuvent avoir un véritable sens spirituel, n'est-ce pas ?

— Je le crois, oui. Je vais te redire quelque chose que tu as déjà entendu mille fois : nous ne sommes pas compétents pour juger de la valeur des choses. Ni de la valeur des êtres, ni de la justesse des situations… La vie nous demande de lâcher-prise sur tout cela. De faire confiance.

« Tout est bien » murmuré-je comme pour moi-même après un temps de silence.

Chiara brille d'un sourire lumineux.

— Exactement. *Tout est bien.* Mais parfois, quand la situation humaine en question est révoltante, c'est très difficile de le dire, et de la croire ou de le penser en conscience ! C'est… choquant.

— Et lorsqu'on en parle autour de soi, on est rarement compris à ce niveau… C'est normal, d'ailleurs, puisque *nous sommes humains pour vivre tout cela au niveau humain…* Alors des quantités de personnes répondent « *Non, tout n'est pas bien. La souffrance, la pauvreté et la misère, le terrorisme, les maladies, le deuil, etc, etc. tout cela n'EST PAS bien.* »…. Que leur réponds-tu, toi, Chiara ?

Chiara prend une grande respiration.

— Je leur dis que nous ne parlons pas de la même chose. Bien qu'il existe aussi cette expression « un mal pour un bien », après tout ! Tu sais, l'histoire de cet homme qui a raté la carrière de sa vie en loupant son avion pour la Chine, mais à qui cela a permis de rencontrer la femme de sa vie, et qui a été heureux 40 ans avec elle... Il y a beaucoup d'histoires comme celle-là. Lorsqu'on montre le « mal pour le bien » dans une histoire de ce type, tout le monde s'accorde. Parce que tout cela se place sur le même plan, le plan humain. Une déconvenue humaine contre une réussite humaine. Ça vaut.

Mais la petite phrase « Tout est bien » se situe à un autre niveau. Dans une vision plus large de la vie, au niveau spirituel. Et on ne peut pas mettre le contenu d'une grande boite dans une boîte plus petite...

Elle semble rassembler ses pensées, puis se lance.

— Tiens, je vais te donner un exemple. Lorsqu'en Histoire, on observe les populations et la démographie, on voit que les guerres et les épidémies ont souvent eu un rôle de régulation des peuplements. Sur le plan humain, c'est révoltant de voir les guerres ou la maladie comme un éventuel « outil de gestion des populations ». Sur le plan humain, on parle de violences insupportables, de souffrances physiques intolérables, de deuils injustes, de vies brisées, de familles décimées, explosées... Cependant, les historiens, démographes et autres, qui voient les évolutions de populations depuis la nuit des temps, ne pensent pas à chaque personne tuée dans la guerre ou l'épidémie, à chaque famille décimée, ils ont une vision globale sur un autre plan, celui des chiffres, par rapport aux ressources alimentaires de la planète, par exemple. Tu vois bien la différence ?!

— Oui. On ne peut pas toujours parler des choses sur le même plan. Parfois, l'émotion l'emporte, parfois c'est le mental… et nous ajoutons aussi le spirituel, donc.

— Différents niveaux de compréhension et de conscience. C'est bien de cela qu'il s'agit : On les appelle niveaux de conscience sitôt qu'on aborde la question spirituelle, car il est alors question de « prise de conscience ». « Compréhension » est un mot qui se réfère plus au mental…

Nous restons toutes deux silencieuses. Oui, vivre à plusieurs niveaux de conscience est une façon très apaisante de vivre nos vies, car ressentir que « tout est bien » nous offre l'occasion de lâcher-prise : rien ne peut arriver qui ne soit l'occasion pour chacun de grandir sur le plan spirituel.

Ce qui ne signifie pas que ce soit facile, agréable, choisi, ou même supportable sur le plan humain ! C'est là que l'Amour est indispensable dans le regard porté sur la Vie et sur les Autres.

— Mais est-ce que ça ne fait pas un peu fataliste, quand même ? « Je laisse faire »… « C'est bien », genre « Basta, tant pis ! »

— Ah ! il y a une différence essentielle entre le fatalisme et le lâcher-prise…

Dans le lâcher-prise, tu fais confiance à ce qui va arriver, en te remettant entre les mains de ton *moi spirituel*… Tu choisis *fondamentalement* de laisser la vie œuvrer pour toi, et *d'accompagner* ce qui va se passer, du mieux que tu pourras. Même si c'est difficile. Comme un challenge, un peu : « *C'est à moi qu'on l'a donnée, cette difficulté, alors je l'accueille et je fais avec* ». Tu es alors paradoxalement pleinement acteur de ta vie, car en lâchant prise, en « laissant être », tu accompagnes ta propre vie.

Dans le fatalisme, tu subis les choses qui arrivent en disant que tu n'as pas les moyens d'y échapper. Tu es donc une victime de la vie, et tu seras forcément malheureux, je ne connais pas de victimes heureuses...

Tu vois la différence ?

— Il y a de « vraies » victimes, non ?

— Toutes les victimes sont « vraies ». Puisque ce qui compte c'est le ressenti de chacun. Mais il y a toujours une autre façon de regarder la situation pour sortir de la victimisation. Par exemple, vois ces personnes qui, à la suite d'un accident, se sont trouvées amputées d'un ou plusieurs de leurs membres : c'est insupportable, injuste, et ils sont victimes. Puis certains d'entre eux traversent l'Atlantique à la nage, grimpent sur les montagnes, font le tour du monde, donnent des conférences pour expliquer comment et pourquoi ils sont résilients. Ceux-là ne sont pas des victimes. Certains naissent lourdement handicapés, ce sont des victimes, leurs familles sont victimes de « pas de chance »... mais certains d'entre eux deviennent des athlètes incroyables, ou bien développent une philosophie de vie extraordinaire. Je pense à Nick Vujicic, né sans bras ni jambes, à Alexandre Jollien[16], né handicapé, pour n'en citer que

---

16 - Voir en bibliographie, dans la section « témoignages vécus ».

deux ; mais je t'encourage à faire des recherches sur internet, tu vas en trouver des quantités.

Ces personnes sont actrices de leur vie, tout le monde les voit faire preuve d'une énergie positive incroyable, et ce sont des exemples pour nous tous qui n'avons même pas de handicap et ne faisons pas le quart de ce qu'ils accomplissent ! Mais à la base, ils auraient aussi bien pu être juste des victimes. Fatalistes. Pas de chance. Ils y ont mis de l'énergie, de la volonté, et sûrement aussi beaucoup d'amour reçu et donné… Leur montrer de la fierté, de la gratitude aussi, pour l'exemple qu'ils nous donnent, ok. Les jalouser, parce qu'ils se sont donné du mal pour y arriver alors qu'un autre restera une « victime plantée là » ? Mais on a tous des ressources pour réussir ! Envier ceux-là, ce serait comme envier le type qui a commandé au restaurant le plat qui est sur la carte que tu as sous les yeux : commande-toi la même chose ! N'envie jamais celui qui vit sa vie à fond : vis la tienne à fond, simplement !

Regarde le nombre de personnes qui se sont battues contre un cancer, ont gagné, et disent que ça a été l'expérience la plus bénéfique de leur vie ? La différence est là, simplement.

— Il y a une infinité de niveaux de conscience, alors…

— Oui.

— Donne-moi encore des exemples…

— Pour faire une comparaison, imagine : Ton enfant pleure toutes les larmes de son corps parce que tu viens de lui refuser d'adopter un adorable chaton né chez la voisine. Il te supplie, ça va être son anniversaire, mais c'est non, fermement. Toi, tu sais que tu as déjà réservé pour lui le petit chien de ses rêves pour son anniversaire, 3 jours plus tard, et tu ne veux pas le lui révéler maintenant ! Dans cette situation, même si tu peux partager sa tristesse d'aujourd'hui par empathie, tu n'arriveras pas à avoir les mêmes points de vue que ton enfant sur ton refus, — parce que tu donnes du sens au refus : ce n'est pas le bon moment, et il sera gâté dans trois jours —, mais lui ne peut pas penser ça : il n'a pas les éléments pour ça. Par contre, il peut trouver ta réaction distante parce que tu n'adhères pas pleinement à sa demande et à sa peine. Il peut croire même que tu ne comprends pas à quel point il a envie ou besoin d'un animal de compagnie, il peut se sentir déconsidéré ! Pourtant, de ton côté, tu te réjouis intérieurement, car tu sais que dans trois jours il sera si heureux de ton cadeau !

— Je comprends. C'est-à-dire que... comme on ne sait pas toujours ce qui va arriver, on peut croire que ce qui arrive est contre nous, alors que ce n'est pas forcément vrai ?

— Voilà.

— Un autre exemple : tu observes tous les efforts de ton bébé pour se mettre debout ou marcher, et tu souris avec bienveillance de ses efforts, de ses pertes d'équilibre qui t'attendrissent... Pourtant, de son point de vue à lui, il déploie une énergie et des espérances de réussites folles, sans savoir s'il y parviendra. À chaque fois qu'il essaye, il tombe, il peut potentiellement se faire mal, ou être très déçu de ses échecs ! Et pourtant ça te fait rire ! Mais toi, *tu sais qu'il va y arriver*, et cette vision des choses change tout. N'est-ce pas ? Alors qu'un peu plus tard dans sa vie, *tu ne sauras pas s'il arrivera* à avoir ses examens, son bac ou son permis, et là, tu ne riras pas... car tu n'auras pas de vision à long terme tant que ce ne sera pas fait. Tu ressentiras donc plus facilement la même chose que lui !

— Ah, oui, bien sûr !! C'est le fait de prendre du recul qui aide, alors. D'avoir un regard qui voit plus loin... ou pas. Ça change tout.

— Et ce sont différents niveaux de conscience.

— Et les émotions, alors, elles appartiennent à quel niveau ?

Chiara réfléchit un moment, puis ajoute, les yeux perdus dans le vague :

— Il y en a à tous les niveaux, mais je crois qu'elles sont différentes... Observe et ressens : Imagine cette fois que tu es au concert en plein air. Tu peux observer les gens qui t'entourent, voir les artistes, écouter la musique et être gêné par les petits bruits et bavardages... l'odeur de transpiration de ton voisin te dérange, le bruit de ses papiers de bonbons aussi... Tu regardes les musiciens attentivement, et le petit flûtiste te paraît bien jeune — ou si avenant... Les émotions versatiles et tous les enjeux sont là : Le voisin t'agace en parlant pendant la musique, son chien te gêne... et la musique est si belle, c'est un vrai cocktail d'émotions. C'est le « degré 1 ».

Imagine maintenant que tu habites à côté de ce lieu de concert. Si tu vas sur le balcon, tu verras la scène et les artistes, tu les entendras, mais seras moins gênée par les bavardages ou les odeurs, sauf ces gens qui font du bruit sous tes fenêtres... et tu ne pourras pas distinguer très clairement tout ce qui se passe... Les personnes devant la scène ne te dérangent pas vraiment, tu es « au-dessus »... La scène est peut-être loin, peut-être même un peu cachée par des arbres entre deux... mais tu perçois la musique, et l'ambiance générale, la musique, avec le regret de ne pas voir toute la scène, mais dans le calme. C'est un « degré 2 ».

Maintenant, si tu passes au-dessus de ce lieu en montgolfière, il y a de fortes chances que la situation te paraisse vraiment différente. Les bavardages n'auront pas d'importance du tout, ni la façon dont les gens sont vêtus, installés, si leur parfum sent trop fort ou pas... ils ne seront tous que des petites fourmis sur la pelouse, devant un orchestre miniature où tu reconnaîtras les instruments, mais tu ne sauras pas dire s'il s'agit de tel ou tel interprète ni à quoi il ressemble : Tout devient plus indistinct, et plus dérisoire, vu de loin, et il ne reste que l'essentiel : une belle musique qui monte jusqu'à la montgolfière... Tu perçois le sens de ce rassemblement de « fourmis », sans les détails. Il n'y a que la beauté de la musique. C'est un « degré 3 » !

Plusieurs niveaux de lecture font plusieurs niveaux de compréhension et d'observation, et aboutissent à plusieurs niveaux d'émotions aussi. Plus on est dans les premiers degrés, plus les émotions sont mélangées, parce qu'il a y plus de détails qui accaparent notre mental, nos pensées et alimentent nos ruminations, nos enjeux, nos regrets, etc., etc.

Plus on avance dans ces degrés ou niveaux, plus les émotions sont pures et réduites à l'essentiel — l'essence de ce qui se vit. On va vers le spirituel : c'est ce qui donne du sens.

Et puisque tu parlais tout à l'heure de la difficulté de s'ajuster avec ceux à qui l'on parle avec ces différents niveaux : ce qui est très important, dans un partage, c'est de t'accorder au départ avec le degré choisi par ton interlocuteur, pour être compris et ne pas risquer de blessure d'un côté ou de l'autre. C'est aussi le B.A. Ba de la thérapie... tu montes les degrés avec ton patient... n'est-ce pas ?

— Tout à fait. Et seulement s'il est en mesure de le faire, sinon, c'est tout un art de le faire avancer autrement...

Tu sais, je repense à cette chanson que j'aime beaucoup « Il manquait un ange aux Jardins du Paradis, il manquait un ange, c'est pour ça qu'il est parti[17] » Elle me parle infiniment, cette chanson. Et je ressens que d'une certaine façon, elle permet d'apaiser des émotions très douloureuses — le deuil d'un enfant, d'un être aimé — en amenant doucement un niveau de recul supplémentaire avec des émotions belles et « plus essentielles ».

— C'est exactement ça.

— Et alors... Tu as des expériences à me raconter sur ces sujets ?

— Eh bien, en fait, cela nous amène tout naturellement sur le sujet du Karma !

— Comment ça ?

---

17 - Voir page 84.

LE KARMA

Chiara prend le temps de boire la moitié de sa tasse d'infusion. Heureusement qu'elle était bouillante quand je la lui ai servie, sinon, avec tous nos bavardages, elle la boirait froide ! Puis elle repose délicatement le mug sur la table basse, et se lance.

— La notion de KARMA se voit souvent attribuer des sens très divergents, justement. Tu as peut-être déjà entendu ici ou là que le karma était une récompense ou une punition ? Tu as peut-être entendu parler de bon et de mauvais karma ? Tout cela n'est pas approprié à la véritable notion de Karma. Celle-ci ne provient pas, à l'origine, de notre culture occidentale, et a été souvent déformée par nos « points de vue » judéo-chrétiens, le bien et le mal, notamment.

Je te propose de considérer que le karma, et la loi du karma avec lui, est une façon de trouver et rétablir l'équilibre. Cet équilibre s'installe, d'une vie à l'autre, en fonction de nos vies et de leur contenu. (*Voir chapitre « vies antérieures »*)

L'équilibre n'est ni positif, ni négatif, il est, simplement. Tu me suis, jusque-là ?

— Tout à fait ; j'attends la suite.

— Bon. Repartons de nos émotions : Les émotions sont le sel et la valeur de nos vies. Ce sont nos émotions qui nous permettent de nous sentir vivre, d'évaluer la valeur de nos choix, d'évaluer si nous allons vers quelque chose qui nous satisfait ou pas, nous aide à définir des limites, etc... À travers les émotions, nous apprenons de nous-même *ce que nous sommes au plus intime de nous.*

Notre travail émotionnel est le plus riche sens que nous pouvons donner à notre vie.

Chiara me regarde, et répète lentement :

Notre travail émotionnel est le plus riche sens que nous pouvons donner à notre vie.

De ce fait, les épisodes que nous traversons au cours de nos vies sont les occasions pour nous de ressentir ces émotions, et se les approprier, mieux se connaître soi-même. Sans situations émotionnelles, pas d'émotion, et donc pas de connaissance de soi. Pas de causes, pas de conséquences. Le vide.

Alors cette vie qui est faite spécialement pour chacun de nous, et pour personne d'autre, contient ce qui nous est le plus précieux : notre chemin de découverte émotionnelle, un peu comme un parcours de chasse au trésor qui nous serait spécialement destiné.

Dans ce chemin, nous allons, *avec le* karma,

* avoir une vision globale,
* de tout ce que nous sommes,
* à travers nos différentes vies.

Chiara redresse successivement ses 3 doigts, sur lesquels elle vient d'ancrer ces trois points essentiels à ses yeux.

— Ok. concrètement, ça fait quoi, alors ? souris-je devant son air sérieux.

— Le Karma est une notion d'équilibre, comme je te disais. Équilibre entre toutes les occasions d'émotions, entre toutes les émotions aussi, entre toutes les situations de vie... Toutes ces situations qui nous permettent de faire l'expérience de nous-même, au cours de nombreuses vies, se complètent mutuellement. C'est avec une vision aussi globale que ça, que le karma a du sens.

— Donne-moi un exemple.

— Eh bien imagine que l'âme que tu es, décide de venir vivre sur Terre les opportunités nécessaires pour comprendre, par exemple, les émotions qui composent les relations parent-enfant. Eh bien cette âme choisira au cours de ses nombreuses vies, d'expérimenter des situations en rapport avec son « sujet d'étude ». Donc, par exemple, une vie à être parent de famille nombreuse, une vie dans laquelle le parent n'arrive pas à avoir d'enfant, faisant l'expérience de la frustration du désir d'enfant. Une autre vie où le parent abandonne ses enfants, et une autre où il est un enfant abandonné, ceci afin de comprendre de quelle façon on peut être amené à vivre ce type d'histoire et quelles sont les émotions que cela suscite *de part et d'autre de la situation*. Une vie de fille — mère, peut-être, et une autre où elle accouche sous X, puis une où elle jouera le rôle d'un législateur qui travaille sur l'adoption. Puis, pourquoi pas, une vie où on adopte un enfant, et une où on est un enfant adopté — d'ailleurs, dans deux vies différentes ou pas... Enfin, tu vois, TOUS LES ASPECTS RELATIFS au sujet choisi peuvent être le cadre dans lequel une vie terrestre va se développer pour faire une expérience la plus complète possible... Enfant gâté, enfant maltraité, parent maltraitant, parent modèle, etc. pour que l'expérience soit la plus complète possible.

— Tu veux dire que c'est normal qu'il y ait des gens qui fassent du mal, alors ?

— Ah, Claire... ! Ne te laisse pas prendre au jeu des différents degrés ! Cette âme a prévu de faire son expérience dans ce type de cadre. Elle ne choisit pas de faire du mal, ou de recevoir du mal, elle choisit de vivre dans un certain cadre de situations. Elle décide en général d'éviter de faire quelque chose qui fasse mal, et une fois arrivée dans la situation, avec toute sa complexité, ne peut s'en empêcher, juste parce que vivre sur Terre, c'est bien plus compliqué qu'il n'y parait, et qu'on est tous venus avec nos difficultés... Tiens, pour illustrer, Claire, tu connais Sigmund Freud ? Il parle, dans la psychologie du développement de l'enfant, de ce que les enfants doivent « *tuer le père* » : il le dit au sens symbolique, bien entendu !! C'est-à-dire que les enfants doivent s'autoriser à devenir adultes et ne pas rester indéfiniment sous l'autorité de leur père en le mettant sur un piédestal, pour simplifier. Mais si un « enfant » tue son père de façon physique, alors il a un peu raté sa mission freudienne ! Tout en « tuant le père » comme le dit la formule de Freud ! C'est encore une façon de voir les différents degrés, tu vois !

— Mm. C'est compliqué.

— Oui. Ce que tu peux retenir, c'est ça : c'est la diversité des conditions de nos vies qui nous donne l'occasion de faire l'expérience de nous-même dans des situations opposées, contraires, diverses, autour d'un sujet que nous maîtriserons, avec toutes les émotions appropriées, après un certain nombre de vies.

— OK. Le karma c'est ça ?

— On y arrive. (Elle sourit de mon impatience !) Note aussi, tiens, au passage, la « tapisserie étourdissante » de nos incarnations : quel que soit notre choix de départ, nos vies peuvent se dérouler à toutes les époques, dans n'importe quel pays, dans toutes les « strates sociales »... en un mot : à travers la Géographie et l'Histoire, le « catalogue » des expériences de vie possibles est illimité ! Je trouve ça absolument fabuleux !

J'acquiesce, les yeux brillants à l'idée d'entrevoir comme nos vies sont des merveilles, bien loin du « hasard » si souvent évoqué. Oui, nous pouvons choisir pour notre incarnation le lieu et l'époque auxquels il sera le plus intéressant pour nous de nous confronter à la situation que nous voulons expérimenter sur Terre. C'est stupéfiant de simplicité et d'intelligence.

Chiara reprend ses explications

— Alors, côté Karma... nous y voilà : Lorsque, en faisant l'expérience de vie qui va lui apporter ces découvertes émotionnelles, notre âme crée un préjudice à une autre âme, alors elle se crée un déficit dans l'équilibre de son karma ; si elle fait quelque chose de bénéfique, elle rétablit cet équilibre. Ce ne sont ni des récompenses, ni des punitions, c'est, comment dire, un « niveau pour mesurer l'équilibre », plutôt.

— Ah ok. En fait, dans ton idée de Karma, on passe son temps à faire du yoyo : à chaque fois qu'on fait des choses qui provoquent des émotions côté amour, ça monte, ou côté peur, ça descend. Et on vise l'équilibre. C'est ça ?

— Exactement. C'est une autre façon de le dire, dit-elle en éclatant de rire.

— Bon. Et alors, dis-moi, est-ce qu'on sait ce que notre karma veut de nous ? On sait où on en est ? On peut influencer notre Karma ?

Chiara se rassied confortablement. Elle sourit avec malice.

— Je vais te raconter une histoire renversante.

Je me rassieds confortablement à mon tour. J'adore les histoires renversantes de Chiara.

— Voilà. Il est question d'une femme qui habite dans cette petite ville que tu aimes tant à côté de chez moi...

Je souris. Je vois très bien. Une jolie petite ville vivante et agréable où j'aime me promener avec elle quand je la rejoins dans le sud de la France. Pour l'instant, c'est elle qui est montée en Normandie, c'est bien aussi.

— Cette femme est sophrologue, et son mari tient un magasin de chaussures dans la rue principale, tu vois où il est, à peu près ? En fait, ils travaillent côte à côte, comme toi avec ton mari.

Je confirme en hochant la tête.

— L'immeuble du magasin de chaussures et du bureau de Myriam était à vendre, suite à une succession mal ficelée, avec des batailles entre héritiers. Du coup, ça devait passer en vente aux enchères. Myriam et Étienne voulaient acheter leur immeuble, qui comporte trois appartements au-dessus du magasin, et le cabinet de sophro sur le côté du magasin. Histoire d'être chez eux, de ne plus avoir de loyer, et même d'encaisser les loyers des 3 appartements. C'est leur idée.

Avant la vente aux enchères, il y a des visites où viennent ceux qui veulent. Myriam y va pour visiter les appartements, qu'elle n'a jamais vus. Et là, Myriam repère dans le groupe de visiteurs un type qu'elle ne peut même pas regarder en face tellement il la dérange. Pour rien. Bizarre, hein ? Elle ne peut pas le souffrir, alors qu'elle ne l'a jamais vu ! Ça, c'est un indice, à la base. Et ce type se met à expliquer que les loyers de cet immeuble sont trop bas, et qu'il fera remonter tout ça vite-fait dès qu'il sera propriétaire, il n'y pas de raison de faire de cadeaux aux locataires, ils n'ont qu'à payer. Myriam frissonne sans savoir pourquoi en l'entendant, et en même temps, elle et son mari sont locataires, alors si ce type-là devient propriétaire, il va leur demander un loyer beaucoup plus élevé...

Voilà que lorsque le type veut visiter son cabinet de sophro, Myriam se dépêche de faire rentrer le patient qui attendait dans la salle d'attente, et ferme la porte de son bureau au nez du visiteur ! Celui-ci tape sur la porte à grands coups de poing en criant pour qu'elle ouvre — tu vois un peu la violence qu'il y a ici alors qu'ils ne se connaissent même pas, et qu'il n'y a pas d'enjeux entre eux ! Elle entrebâille la porte en la bloquant pour qu'il n'entre pas, et le refoule dehors en lui disant grossièrement qu'elle ne laisse entrer dans son bureau que des ondes positives.

J'éclate de rire.

— Elle est hyper cool, ta sophrologue ! Bonjour le caractère !

— Justement, non, elle n'est jamais à élever le ton un mot plus haut que l'autre ! Elle-même, elle s'est demandé ce qui lui prenait ! Au bout de quelques échanges musclés, le type a jeté un œil en forçant le passage, et il est reparti sans décolérer !

— Super. Et alors ?

— Myriam est venue me demander de « regarder » si par hasard il n'y aurait pas une histoire de karma entre elle et ce bonhomme. Alors j'ai regardé ce que disent les annales akhashiques. Tu sais, c'est le nom de la bibliothèque de toutes nos vies, on y trouve tous les détails. Enfin, moi, je sais y trouver ces détails : c'est juste une forme de médiumnité ou de voyance, comme tu veux.

— Et qu'as-tu trouvé, alors ?

— Eh bien en fait, il s'agissait bien d'une histoire de karma. J'ai retrouvé des images d'une vie antérieure où ces deux-là s'étaient déjà rencontrés. En Inde, au XIe siècle. Lui, il était un mandataire local véreux, en charge de l'habitat. Elle, elle était une pauvresse que cet homme véreux faisait payer jusqu'à son dernier sou en la menaçant de la mettre plus bas que terre. Sur l'image que j'ai vue, en fait, il passait comme un prince au milieu d'une rue poussiéreuse, et elle, elle était avec beaucoup d'autres à plat ventre sur son passage, en marque d'obéissance et de soumission. J'ai ressenti en me connectant sur elle, toute l'humiliation que cet homme lui causait, et la violence dont il était capable... et il s'enrichissait sur le dos de tous ces pauvres en toute impunité.

— Et si j'ai bien compris il s'apprêtait à refaire pareil avec elle, s'il achetait l'immeuble, en la faisant payer plus qu'actuellement...

— Mais oui ! C'est assez drôle, en fait, le karma a une certaine logique. Et on peut supposer qu'il travaille donc son karma sur la notion d'argent et de relation d'autorité, quelque chose comme ça... et qu'en fait, ça, c'est moins drôle, il en est encore à peu près au même stade qu'au XIe siècle ! Quant à Myriam, le fait d'avoir été aussi odieuse avec lui alors qu'il s'imposait encore, a été en fait un rééquilibrage de son karma vis-à-vis de lui ! Elle a repris de cette façon son destin en main sans le laisser faire.

— Waaah... Juste ça, alors ?! C'est... incroyable !

— La Vie est juste extraordinaire, oui. Et tu vois, le karma se règle tout seul, pas besoin de se poser de questions. Les personnes qui doivent régler quelque chose avec nous se présentent spontanément dans notre vie au bon moment, et les situations nécessaires à la régularisation de l'équilibre karmique se présentent toutes seules aussi... et on n'y échappe pas !

≈

— Est-ce que toute notre vie est déjà écrite, alors ?

— Oh, non ! Les situations se présentent parce qu'elles font partie de notre voyage, mais nous sommes entièrement libres de ce que nous en ferons !

C'est le jeu des émotions, justement. Et selon la façon dont on va réagir, on va créer un enchaînement de causes et de conséquences qui nous est personnel, rien ne nous est imposé.

Comme si tu prends ta voiture pour aller en ville. Ça, c'est la situation.

Tu vas choisir comment tu t'habilles pour y aller, avec qui tu y vas, l'heure de ton départ, le chemin que tu veux suivre, et ensuite, selon la façon dont tu conduis, tu feras tel ou tel trajet, arriveras à tel endroit, à telle heure, croiseras untel ou untel, passera à côté de chez machin ou truc, tu t'arrêteras en route ou pas... Tout cela, c'est ton choix. Mais il était simplement écrit que tu devais aller en ville. Tu vois, ce n'est pas tellement « déjà écrit ».

— Chiara, j'imagine que tu as lu le livre de Lise Bourbeau sur les blessures archaïques ? Tu sais, ces 5 fameuses blessures émotionnelles que nous pouvons avoir depuis notre plus tendre enfance, et sur lesquelles nous allons travailler nos émotions toute notre vie... « Trahison, rejet, abandon, humiliation, injustice ! » égrené-je.

— Oui, tu as raison d'évoquer cela ici : on est dans une dimension karmique aussi, avec ces blessures : elles nous font travailler nos émotions en donnant un cadre ! C'est exactement ça !

— Je vais te raconter une histoire, c'est mon tour ! dis-je d'un air malicieux.

Chiara sourit et m'encourage.

— Voilà. Il s'agit d'une jeune femme qui a un petit garçon de 13 mois. Elle est en voiture avec son bébé qu'elle vient de récupérer chez la nourrice, c'est le soir, elle rentre chez elle. Arrivée à domicile, en sortant de voiture, par un malencontreux hasard, elle se retrouve enfermée en dehors du véhicule verrouillé, tandis que son bébé est dans le siège auto à l'arrière. Son sac à main est aussi sur le siège passager, les clés de la maison sont dedans. Elle panique, d'autant que son petit garçon commence à s'agiter. Il est engoncé dans son manteau douillet avec un bonnet sur la tête, et voilà que le bonnet tourne tandis qu'il bouge, et très vite le bonnet lui tombe sur les yeux, il ne voit plus rien, il est seul dans le noir dans la voiture, et il pleure sans que personne ne vienne l'aider. Ça dure bien dix minutes... Finalement, la maman va prendre un gros bloc de granit qui traîne à côté, et fracasser la fenêtre à double-vitrage de sa salle à manger, pour récupérer le double des clés de la voiture, et libérer son bébé en larmes qui hurle en bougeant comme il peut sans arriver à déplacer le bonnet qui lui cache la vue. Les jours suivant, le petit ne supporte plus d'être seul quelque part, et se colle à sa mère tout le temps. On peut supposer qu'il vient de se créer une blessure d'abandon. La maman est venue me voir avec lui parce qu'elle s'en voulait.

Je lui ai dit qu'elle ne pouvait pas empêcher ce qui est arrivé, qu'elle ne l'a pas cherché, que c'était fortuit et donc imparable. En parlant du livre de Lise Bourbeau, j'ai ajouté que de toute façon, chacun de nous se crée des blessures archaïques, et que le principe même de ça, c'est qu'on ne l'empêchera pas, car cela est le début d'un travail de toute une vie sur nos émotions. Et je lui ai fait remarquer également que cette blessure aura d'autres occasions de se réveiller, et que son atout, à elle, était de savoir de quelle blessure son enfant allait être obligé de faire l'expérience, comme ça elle aurait plus de facilités à l'accompagner et le comprendre ! Du coup, c'est bel et bien karmique, tu confirmes ?

— Je pense que oui. Même si, je te le répète, je n'ai pas toutes les réponses. Mais ça me semble avoir du sens. Et pour ce petit bout de chou, oui, ça ressemble bien à ça.

≈

— J'ai rencontré une femme extraordinaire dont l'histoire va te plaire, je crois bien… elle va dans ce sens-là aussi.

— Oui, dis-moi !

Chiara se rassieds sur sa chaise, frottant ses deux mains l'une contre l'autre machinalement.

— Voilà. Cette femme est médium, et utilise son don pour aider les personnes en deuil en leur proposant de contacter leur défunt. Un jour, tandis qu'elle est en méditation, son guide lui demande — en médiumnité — si elle veut communiquer avec sa sœur, décédée depuis 7 ans. Bien entendu, elle dit oui tout de suite, s'étonnant même de ne pas y avoir pensé plus tôt. Lorsque sa sœur se présente à elle, elle lui fait reproche des mauvaises choses qui se disent sur son compte dans la famille, selon lesquelles elle est morte à cause de sa vie dissolue, ses excès, etc. Mon amie médium m'a expliqué que sa jeune sœur avait en effet une vie très décousue, avec de mauvaises habitudes dirait-on, et des excès en tout genre. Il est de fait que c'est à cela que chacun a attribué sa mort brutale un samedi après-midi, au tout début de sa 34e année. Et l'âme de sa sœur de lui dire que cette vie correspondait en tout point à ce qu'elle avait voulu expérimenter pour aller plus loin dans la connaissance de soi, et qu'elle l'avait pleinement réussie selon ces critères d'âme, même si les critères humains, eux, ont d'autres rêves de réussites...

— Ah ! voilà une fameuse différence de niveau pour le coup !!

— N'est-ce pas ?! Lorsque j'ai vu cette amie plus tard, elle m'a demandé si je pouvais l'aider avec l'hypnose du fait qu'elle en voulait à sa sœur décédée, elle se sentait jalouse, car celle-ci a toujours su obtenir des parents tout ce qu'elle voulait, alors que mon amie devait être sage et sérieuse, sa sœur prenait toujours tous les droits pour s'amuser et n'en faire qu'à sa tête...

— Et ?

— Et je lui ai juste re-raconté sa propre histoire en ajoutant ce simple détail : si sa sœur avait prévu de toute éternité de vivre cette vie décousue et excessive, si cela était son chemin de karma, n'était-il pas nécessaire qu'elle passe par une enfance où elle apprenait à n'en faire qu'à sa tête ? Comment aurait-elle pu avoir cette vie-là, dont elle dit qu'elle est réussie sur le plan de l'âme, si elle avait été une obéissante petite fille sage toute son enfance ?

— Oooh ! je comprends... !

—... et mon amie a compris aussi. Instantanément, elle m'a dit que c'était une évidence, à laquelle elle n'avait pas pensé jusque-là, et que toute sa jalousie était partie en un clin d'œil à la simple évocation de la valeur nécessaire de cette façon de vivre son enfance. Tu vois, notre Karma est régi par de grands desseins qui se font et se défont tous seuls... c'est plutôt fabuleux, la loi du karma, lorsqu'on la regarde depuis le fameux « étage au-dessus » !

≈

— Et alors, dis-moi, peut-on influencer notre karma, le faire positiver davantage ou plus vite ?

Chiara rit.

— Ah ! Ti conosco bene, mia CLAIRE ! *Sempre impazienti* ![18]

Pourquoi voudrais-tu aller « plus vite » ou « davantage » que ce que la vie te propose ?

FAIS CONFIANCE !

Mais cependant, oui, tu peux améliorer ton karma, juste parce que c'est une bonne chose de faire grandir le positif en soi. Pour cela, attache-toi à faire le mieux possible, et à Aimer ton prochain en toutes situations !

— Eh ! Mais c'est pas simple !

— Qui a dit que ça l'était ? ! Et puis je repense à cet ouvrage de Neale Donald Walsche, *Présence de Dieu*, où il exprime que chacun de nous vit sa vie exactement à la bonne place, et parle de ce mendiant

---

18 - Ah ! Je te reconnais bien, ma Claire ! Toujours impatiente !

devant lequel tu passes aujourd'hui. Ça pourrait sembler « logique » de considérer que ce mendiant doit vraiment faire l'expérience de mendier dans cette vie, et que c'est son karma. Et c'est sûrement le cas. Mais ajoute-t-il, rien n'empêche de l'aider en lui donnant quelque chose, ça peut être inscrit dans ton Karma à toi de lui venir en aide, car ce n'est pas le hasard si tu passes devant lui aujourd'hui !

Voilà une façon de faire avancer ton karma : sois attentive à toutes ces petites situations de vie quotidienne où tu peux être celle qui fait la différence pour quelqu'un.

Et puis tu sais, on ne peut pas échapper à son karma. Mais franchement, on ne perd rien à aller au-delà et rajouter du positif. Tu vois : je me suis moquée de toi, mais tu as raison, on peut mettre plus de positif dans la vie qui nous entoure, ce ne sera jamais en pure perte !!

Tout en parlant, elle manipule sous mes yeux le jeu de cartes « Mille mercis[19] » que je lui ai offert. En terminant sa phrase, elle la ponctue en déposant une à une devant moi cinq cartes du jeu : « *Je suis spécial pour quelqu'un* », « *je donne à autrui une forme d'amour* », « *j'apporte de l'aide à autrui* », « *je rends possible le meilleur autour de moi* » *et...* « *j'ose l'amour inconditionnel* ».

---

19 - Jeu de cartes de développement personnel créé par l'auteure et illustré par Marie-Pierre Emorine. Éditions EccE, 2016. Ce jeu développe la Gratitude, l'intuition, la pleine conscience, la confiance en soi.

Je hoche la tête, détaillant à nouveau avec plaisir les illustrations des cartes, où Marie-Pierre Emorine a mis tant de belles touches… Oui, c'est vrai : tout ce que Chiara vient de me dire, je le savais déjà. Je l'avais instillé dans le jeu de cartes. Je me sens pleine de gratitude à cette pensée.

Nous restons toutes deux silencieuses un long moment, tandis que le ciel se fait de plus en plus sombre. Les étoiles brillent d'autant plus. Avant d'aller nous coucher, nous prenons le temps de sortir les observer, conscientes de tout ce qui nous échappe et que nous ne saurons jamais, dans l'immensité de ce monde sans limite dans lequel nous vivons.

Et heureuses de nos découvertes et de nos partages.

Les 5 cartes que Chiara a sorties pour moi du jeu Mille Mercis.

VIES ANTÉRIEURES

Ça ne s'invente pas !

Ce petit garçon de 3 ans et demi boude devant son assiette de haricots verts qu'il peine à finir. La tête appuyée sur une main, coudes sur la table, il n'a pas l'air de vouloir les manger, ni tout de suite, ni plus tard...

Au moment où sa maman le regarde, prête à lui enjoindre de faire un effort avant que ce ne soit froid, il annonce, comme une excuse majeure, en y mettant un ton sans réplique :

— Moi, quand j'avais 9 ans et que je m'appelais Gabin, j'aimais PAS les légumes !

≈

Cette jeune femme, Cécile, est en visite chez son amie Bernadette.

Celle-ci lui raconte sa dernière trouvaille :

— Je suis en train de lire un livre de Brian Weiss sur les vies antérieures, c'est passionnant ! Tu connais ?

— Les vies antérieures ? Oui, très vaguement. C'est... Non, en fait je ne sais pas. Vas-y.

— C'est bluffant. Il y a des preuves assez troublantes, des enquêtes. J'aime bien ce livre de Weiss. Plus facile à lire que celui de Stevenson. Mais Stevenson, lui, fait des enquêtes quasi scientifiques, pour vérifier les dires des enfants, et ses histoires sont hallucinantes. [*Bernadette donne force détails du contenu des deux livres, et continue :*] Il faut écouter les enfants, ils s'en souviennent souvent, et souvent, ce sont les parents qui leur « coupent leurs mémoires », parce qu'ils n'y croient pas ! Spontanément, ça leur semble normal, aux enfants, d'avoir déjà vécu une autre vie avant celle-ci !

Par exemple, Weiss raconte cette histoire d'une femme qui trouve dans une brocante un jour de vieilles pièces de monnaie hexagonales, elle les trouve belles et amusantes, et en achète quelques-unes, qu'elle laisse en déco sur sa table de salon. Son fils de 7 ans arrive, découvrant les pièces, s'exclame « *Ooh, Maman ! Tu te souviens ? Quand j'étais ta maman et que tu étais ma petite fille, on en avait plein des comme ça !* ». Tu imagines la tête de la mère... !

Cécile ouvre de grands yeux, se mord les lèvres, et avoue à voix blanche :

— À chaque fois que Mona me dit « Eh bien moi, quand j'étais grande... » je la reprends toujours « on dit : quand je serai grande ! »... et ça arrive souvent !

L'amie sourit : « Eh bien, la prochaine fois, écoute là... Essaye d'en savoir plus... ? ! »

Il n'a pas fallu plus de huit jours après cette « ouverture de conscience » chez Cécile, pour que sa fillette, Mona, l'entraîne dans une expérience étrange, très impressionnante.

Qui a dit que le hasard existe ?! Sans doute n'existe-t-il que lorsqu'on dit de lui qu'il fait bien les choses… !

C'est moi qui ai prêté à Bernadette ce livre de Brian Weiss — et avant, celui de Stevenson, sur les vies antérieures, ils sont issus de la bibliothèque de mon bureau à Vernon. C'est donc tout naturellement qu'elle me relate cet épisode. Cécile me le raconte à son tour quelques jours plus tard, car Bernadette a préféré me l'adresser pour que je la rassure !

Ci-dessous, son témoignage vous détaille toute l'histoire.

Merci donc à Cécile, pour ce récit de l'épisode, où elle s'est trouvée, avec Mona, dans un tourbillon hors du temps qui a posé beaucoup de questions… et n'a pas encore donné toutes ses réponses.

TÉMOIGNAGE DE CÉCILE

« *Ce jour-là, je donne le bain à Mona, ma fillette âgée de 4 ans tandis que ses deux frères regardent un dessin animé à la télévision. Pendant que je sors les jeux de l'eau, elle promène silencieusement sa main en faisant de petites vagues et des clapotis. Je vois la lumière du plafond faire des reflets sur l'eau de son bain, et Mona semble absorbée tout entière dans cette contemplation. Subitement, elle lève la tête vers moi, son regard est comme absent, et elle me dit d'un ton pressant « Où il est Jules ? » Jules, c'est son frère aîné, que j'entends rire en ce moment devant la télé.*

— Il regarde un dessin animé, tout va bien. Qu'est-ce qu'il y a ?

En fait, Mona ne m'écoute pas, et c'est comme si elle était ailleurs, et très inquiète. Je la rassure en la savonnant, en chantonnant, et petit à petit elle « atterrit », et retrouve son air habituel. Quand je la sors de son bain, tout va comme s'il ne s'était rien passé.

Le soir, elle me demande avec entrain « Maman, tu te souviens quand on habitait à côté de la mer et qu'on y allait ensemble à vélo, par le petit chemin avec les arbres ? »

Je ne sais pas quoi répondre, nous habitons dans ces vallons depuis toujours, et nous ne sommes même jamais allés en vacances à la mer. Elle a quatre ans, et le vélo, pour l'instant, c'est dans la cour de l'école avec les petites roues sur les côtés ; je n'imagine pas ma fille de 4 ans aller de la maison à la mer en vélo, et avec les petites roues sur les côtés, c'est juste absurde. De quoi me parle-t-elle ?! Heureusement, la nécessité de donner le bain à son petit frère me dispense de répondre. Ce qu'elle ne réclame d'ailleurs pas. Elle semble juste contente de dire certaines choses qui ne demandent pas de réponse.

Le lendemain matin, alors qu'elle patiente sur le pot après le petit-déjeuner, elle chantonne, et sa chanson semble nouvelle, alors j'écoute. Subitement, je me sens toute retournée par ce que j'entends.

« tombé dans l'eau… Le bateau est parti… l'eau elle brille, le soleil brille sur l'eau… bateau sur l'eau, retrouver le petit garçon dans l'eau. Mis le petit garçon dans le sac, fermé la fermeture éclair jusqu'au-dessus de la tête… ». Je comprends que c'est sûrement la suite de son air hagard de la veille, et que lorsqu'elle cherchait Jules,

c'est sans doute parce qu'elle a eu un flash de mémoire de ce qu'un enfant serait tombé à l'eau… et à ce que je devine maintenant, il se serait même noyé. C'est juste horrible d'imaginer que ma petite fille de 4 ans a ça dans la tête! Comme je passe devant elle pour voir quel air elle arbore en chantant ça, elle lève la tête, me regarde, et me sourit « Elle est bien, ma chanson, hein? ». Je suis mal à l'aise, alors je lui réponds surtout de se dépêcher pour ne pas être en retard à l'école, d'un ton aussi enjoué que j'arrive à le faire.

Pendant que les enfants sont à l'école, j'appelle mon amie Bernadette, avec laquelle nous parlions justement de vies antérieures et de mémoires d'enfants, la semaine dernière : elle avait lu un livre sur le sujet, et nous en avions longuement parlé. Je veux lui demander conseil, car je me sens inquiète quand j'entends les propos de ma fille.

Bernadette me rassure : « Si ce sont des mémoires de vie antérieure, il faut juste écouter, faire parler, voir si on peut en savoir plus peut-être, parce que les vies antérieures peuvent parfois être des clés pour les vies actuelles », me dit-elle.

Et pour l'aider à retrouver sa place dans la vie actuelle, il suffira de demander à Mona comment elle s'appelait dans cette histoire-là, comment s'appelait son frère, et ensuite, de lui expliquer que cette vie-là est terminée, et qu'actuellement, on en a commencé une autre où elle s'appelle Mona, et son frère Jules.

J'avoue que l'idée de dire à ma fille de 4 ans qu'elle se souvient d'une vie antérieure, et que c'est juste normal de dire que c'est une vie finie et qu'on en a commencé une autre, cette idée-là me semble complètement saugrenue. C'est sûrement dans ma tête à moi que ça coince, mais bon, ça coince sévèrement.

— Tu sais, me dit Bernadette, si jamais elle parle bien de vie antérieure, elle va admettre très simplement que tu lui dises ça. Et sinon, ça peut aussi passer pour un jeu, au pire... ou une des histoires que tu racontes...

Je ne suis pas convaincue. J'aviserai.

Lorsque Mona revient le midi, elle sort de son placard une poupée avec laquelle elle jouait très peu jusque-là, aussi brune que ma fillette est blonde, et elle me dit d'un air un peu mystérieux : « Tu ne trouves pas qu'elle me ressemble ? Elle s'appelle Nora. »

— Euh.. .elle ne te ressemble pas vraiment, qu'est ce qui te ressemble, là ?... C'est joli, Nora » réponds-je.

Elle sourit, et va dans sa chambre, calme et silencieuse. Quand je jette un œil, pendant que le déjeuner est en train de cuire, je vois qu'elle découpe de petits papiers sur lesquels elle trace quelques lettres maladroites qu'elle a apprises en classe : elle sait juste écrire son prénom depuis 3 semaines, et ne connaît que ces 4 lettres-là en majuscules bâtons. Puis elle sort de sa chambre, et commence à distribuer devant chaque assiette sur la table où le couvert est mis, tous les petits papiers qu'elle a préparés.

Sur chacun d'entre eux, elle a tracé son prénom d'une façon étrange. En effet, le « N » de MONA est estropié d'une moitié, et ressemble à s'y méprendre à un « r » minuscule en script un peu mal tracé. En regardant mieux, je vois que les jambages, à droite du M de son initiale, sont collés ensemble. Et je frémis. Elle a écrit NOrA ! Sur chacun des petits papiers, ma fille MONA a écrit le prénom de cette poupée brune censée lui ressembler, et elle a fait cela sans savoir que cela pourrait se lire Nora, car elle ne connaît pas les lettres de l'alphabet !

Et là, subitement, j'ai peur de ce qui est en train de se passer. Pour me rassurer, je demande à ma fille « qu'est-ce que tu as écrit sur tes petits papiers ? »

— Bah, tu vois bien : c'est mon prénom.[20]

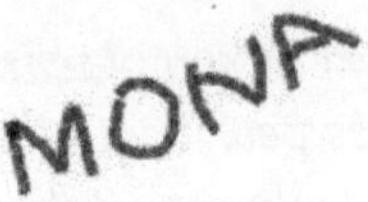

La signature habituelle des travaux de Mona à l'école.

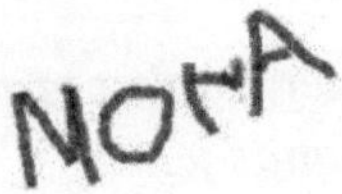

Le prénom de Mona, qu'on peut lire « NOrA » sur les petites étiquettes écrites ce jour-là.

Je ne me sens pas prête à en parler avec elle. Après le repas, elle retourne dans sa chambre, et revient dix minutes après avec un beau dessin coloré. Mona ne dessine jamais : à part les tests-bonhommes de l'école, tenir un crayon ou un feutre pour laisser des traces de son passage sur une feuille ne l'intéresse tout simplement

---

20 - [Sur l'écriture du bas, on voit que Mona a modifié sa façon d'écrire les lettres de son prénom. Si elle l'avait fait consciemment pour écrire « Nora », elle aurait au moins su former le N correctement, puisqu'il fait partie de « Mona ». On voit ici l'influence de la petite Nora de 9 ans à travers la petite fille de 4 ans, tout comme dans le vocabulaire employé par Mona, à la grande surprise de sa maman, pour lui raconter le lendemain le miroitement du soleil sur les vagues. On peut supposer aussi que la ressemblance des deux prénoms au départ est un choix de l'âme de Nora/Mona au moment de l'incarnation, peut-être parce que les deux vies sont liées dans un objectif spirituel. NDLR]

pas. Mais aujourd'hui, elle me présente un dessin élaboré et je n'en reviens pas.

— C'est quoi, alors, ton dessin ? je lui demande, en observant déjà que tout autour du grand motif central, il y a sur tout le pourtour de la page des traits bleus clairs qui ressemblent à des vagues. De l'eau. Et au centre, alors, ce doit être...

— Un bateau, et là, tout autour, c'est l'eau, tu vois. Et sur le bateau, c'est la fête, et ils ont mis des fleurs, regardent, ils ont mis des vases avec plein de fleurs, c'est beau...

« Ils ont mis des fleurs ». Cette façon de dire sonne bizarre. Un enfant quand il explique son dessin, dit souvent « il y a » ou « c'est ». « Il y a des fleurs, et c'est de l'eau autour du bateau », etc. Mais là, « ils » ont mis des fleurs. Donc elle a dessiné quelque chose qui préexiste dans sa tête. Encore un bateau et de l'eau. Je frissonne. Il va vraiment falloir que je lui parle.

C'est le lendemain que je trouve le moment pour ça, après l'école. Avant ça, je suis allée voir Claire, que Bernadette m'a recommandé de consulter pour savoir comment réagir face à ma petite fille. Je me sens plus armée.

Après le goûter, j'installe mes garçons devant les barbapapas, et je vais m'installer avec Mona dans sa chambre. Assise à ses côtés, je prends son dessin de bateau et le regarde avec elle.

— Alors, raconte-moi cette histoire de bateau, lui dis-je. Toute ton histoire, tu me racontes ?

Voilà ce qu'elle me raconte :

Elle était dans un bateau, et c'était une fête, il y avait des grandes personnes bien habillées, qui buvaient du champagne, et beaucoup de fleurs sur le bateau, et de la musique. C'est ce qu'elle a dessiné. Elle, elle était assise sur un banc au bord du bateau, et on lui avait demandé de surveiller son petit frère.

Elle laissait sa main traîner au fil de l'eau, et elle aimait beaucoup cette promenade, il y avait du soleil. Me souvenant de ce que m'avait dit Bernadette, je lui demande : « Et comment t'appelles-tu ? » « Et ton petit frère ? » « Quel âge as-tu ? »

Elle s'appelle Nora, (!) son petit frère Tristan, et elle a 9 ans et lui 3. Pour me raconter la suite, elle semble « ailleurs », et les mots qu'elle emploie me saisissent, je ne l'ai jamais entendu parler de cette façon. Ce n'est pas le vocabulaire de ma petite fille de 4 ans.

— C'est si beau, l'eau avec le soleil qui se reflète dedans. Ça miroite, au milieu des vagues, et ça brille partout à la fois quand les vagues se balancent, et le bateau avance, et moi je laisse ma main dans l'eau fraîche. Ça m'éclabousse partout avec de l'eau pleine de lumière de soleil… C'est tellement beau, je ne peux pas détacher mes yeux de l'eau… et tout d'un coup, quand je regarde mon petit frère, il n'est plus là. Et je cherche partout, mais il est tombé dans l'eau… j'essaye de le retrouver, de le rattraper.

La voix de Mona s'est muée en silence plein de pensées… elle n'en dit pas plus.

— Et ensuite, ma chérie ?

Elle me raconte la suite presque comme si elle n'était pas concernée.

— Alors l'hélicoptère est venu, ils ont cherché, et en bateau aussi, et ils ont retrouvé les deux enfants. Les enfants sont allongés sur la plage, et ils essayent de les

faire respirer, mais ça marche pas. Alors ils mettent les enfants dans un grand sac blanc et la fermeture éclair.

— Comment tu le sais ?

— Je le vois. Je regarde et ils me voient pas, mais je vois tout. Je vois tout.

Je suis sidérée. Elle me raconte qu'elle est morte et sortie de son corps pour observer les soins prodigués aux « deux enfants », elle et son petit frère.

Je ne veux pas que ma petite Mona s'enferme dans une histoire qui n'est pas la sienne. Alors je lui parle doucement, comme Bernadette et Claire me l'ont suggéré.

— Tu sais, ma belle Mona chérie, cette histoire que tu viens de me raconter, elle existe loin loin avant aujourd'hui... Tu sais qu'elle est déjà finie, n'est-ce pas ?

Mona hoche la tête d'une façon un peu mécanique.

— D'ailleurs, quand tu étais cette petite fille, tu t'appelais Nora... et aujourd'hui, tu t'appelles Mona. Et ton petit frère Tristan, je ne le connais pas, moi. Mais je connais ton grand frère Jules. Tu vois, c'est une autre histoire. Une vieille vie déjà finie, et toi et Jules, vous avez commencé à vivre autre chose, une autre vie ici, toute neuve, et moi je suis votre maman à tous les deux, tous les trois avec Tom, et j'aime beaucoup être votre maman à Jules, Mona, et Tom... qu'en dis-tu ?

Mona hoche la tête à nouveau, et me regarde — enfin :

— Tu sais, c'était pas ma faute, si Tristan est tombé à l'eau.

— Non. Peut-être que ce n'est pas à une petite fille de 9 ans de surveiller un petit garçon de 3 ans sur un bateau, ma chérie. Je ne crois pas que c'était la faute de Nora.

Je lui tends les bras, elle vient sur mes genoux et se colle dans mon cou.

Cette histoire s'est terminée ainsi. Plus jamais Mona n'a fait allusion à Nora et Tristan. Son comportement est redevenu « normal ». J'avoue que ça m'a fait peur par moment, de me demander où on allait. Bernadette avait raison, en fin de compte, il a semblé tout naturel à Mona que l'histoire terminée ait pu donner lieu à une nouvelle histoire avec les mêmes personnages dans d'autres rôles.

J'ai cherché un peu, sur internet, j'avoue, si je trouvais un endroit en France où on pouvait aller de chez soi à la plage en vélo en suivant le chemin avec les arbres (il ne fallait pas que ça grimpe de trop, pour une fillette de 9 ans), avec la mer tout près où des bateaux fleuris peuvent organiser des festivités... Si il y avait dans ces endroits, deux enfants, appelés Tristan et Nora, issus de la même famille, qui seraient morts noyés, à 3 et 9 ans, le même jour... C'est assez impossible de trouver les informations pour ça, et puis je ne savais pas vraiment où chercher, ni surtout quand. D'autant que rien ne me disait vraiment que ça devait être en France non plus. Alors j'ai abandonné les recherches. Je sais au fond de moi que ma fille n'a pas pu inventer tout ça, et y mettre autant de détails, de vocabulaire et de réalisme. Même si je ne peux pas le vérifier, c'est trop troublant pour être inventé par une enfant de 4 ans.

Je suis tout de même bien contente que tout soit rentré dans l'ordre.

Cécile. »

≈

Connaissant Cécile et Bernadette, j'ai beaucoup de plaisir à relayer cette histoire peu banale. Il est vrai que ces situations seraient sans doute plus fréquentes, si on écoutait nos enfants avec attention avec un certain respect pour leur récit, au lieu de penser qu'ils «jouent» ou «ont beaucoup d'imagination»?

Ainsi, la maman de François (*cf chapitre médiumnité*) me racontait il y a peu de temps que lorsqu'il avait 3 ans, François insistait pour mettre un couvert à table pour «ses amis», que ses parents appelaient «amis imaginaires». Avec le recul et la compréhension des dons de François pour la médiumnité, ils sont compris, depuis, que leur petit garçon était réellement entouré de ces personnes, qu'il voyait sans savoir qu'elles étaient invisibles aux autres. Les parents de François, en jouant le jeu de ce qu'ils appelaient pourtant «les amis imaginaires de François», lui ont sans doute permis d'aller plus avant avec confiance vers son talent de médiumnité : il y était autorisé par l'attitude d'ouverture des parents.

VIES ANTÉRIEURES ET HYPNOSE

Les séances «vies antérieures» sont un classique du travail par l'hypnose. Il n'est même pas nécessaire «d'y croire» pour que le travail de guérison attendu se fasse lors de ces séances un peu particulières! Ceux qui «n'y croient pas» y voient simplement une métaphore du problème actuel, transposé dans un décor et une situation différente : cela permettrait au patient de lâcher-prise sur son problème plus facilement, et d'y trouver une solution qui fait ses preuves dans la métaphore, et, par analogie, qu'il pourra réutiliser inconsciemment dans sa vie « normale », — ou bien, selon d'autres interprètes, d'effacer les raisons actuelles d'un comportement qui n'aurait plus de raison d'être.

Ou encore, si on adhère aux théories de vies antérieures, de clore une vie passée en prenant conscience de la fin de cette histoire ancienne, afin d'être libre d'en vivre une nouvelle, différente, comme on change de match en remettant les scores à zéro...

Comme c'est un grand classique du travail avec l'hypnose, Chiara et moi ne manquons pas d'exemples. Je vais vous raconter les plus surprenants, ou ceux qui apportent un éclairage intéressant sur la notion de vies antérieures et les raisons ou les indices de ces réminiscences, ainsi que les interactions entre vies antérieures et vies actuelles.

Par contre, la régression hypnotique doit servir un but thérapeutique. Car à chaque fois qu'il a pu être question d'être simplement curieux, la séance s'est révélée frustrante et vide.

Enfin, les vies antérieures sont très souvent un moyen guérisseur pour se défaire de souffrances en lien avec ces histoires terminées. Mais nous avons observé qu'il est important que ce soit le sujet/patient lui-même qui retrouve les détails de sa propre histoire. C'est-à-dire que son inconscient doit être impliqué, à travers une revivification.

En effet, et Chiara nous en donne un bel exemple ci-dessous, si l'on se contente de redonner au patient la réalité de son histoire de vie antérieure sans qu'il y ait accès lui-même (par la médiumnité par exemple) l'effet guérisseur ne sera pas au rendez-vous. Même si, au demeurant, l'histoire de Mickaelle, que Chiara va nous confier, est très bluffante.

MICKAELLE N'AIME PAS ÊTRE ENCEINTE

Chiara me raconte cette histoire comme une de ses premières expériences de découverte des vies antérieures, avant qu'elle ne fasse de l'hypnose. Elle utilisait ce jour-là son «*petit côté sorcière*» avec la médiumnité.

Mickaelle était une amie de sa mère, venue en vacances pendant quelques jours. Au cours des conversations, Mickaelle se plaint d'une douleur récurrente au niveau du sternum, que rien ne parvient à soulager. Chiara ayant des dispositions pour le soin, lui propose d'y appliquer sa main.

Au moment où elle positionne sa main au-dessus du sternum de Mickaelle, elle reçoit des images d'une grande clarté, plutôt violentes et intrusives. Elle raconte ce qu'elle voit à Mickaelle.

– C'est en pleine mer. Sur un bateau. Tu es un matelot, tu as une tumeur au ventre. On va t'opérer sinon tu vas mourir. Tu es allongé sur le pont, sur une table, et on te saoule pour que tu ne souffres pas trop.

Et là, avec une espèce de petit sabre, on te découpe le ventre sous le sternum. Mais il est impossible de te soigner, la tumeur est trop grosse... La mer se déchaîne, les vagues sont très hautes. Je te vois un peu plus tard, dans un coup de roulis particulièrement fort, te voilà passé par-dessus bord, mais je crois que tu étais mort avant.

Mickaelle est très impressionnée, et livre des détails auxquels le hasard ne doit rien... par exemple, elle a toujours eu horreur d'avoir un « gros ventre », lors de ses deux grossesses. Elles ont été très difficiles à vivre pour elle, comme si il y avait un danger à s'arrondir au cours de ces 9 mois ! Outre sa douleur au sternum, qui semble trouver une explication assez crue avec ce sabre. Elle ajoute qu'elle refuse toujours de boire la moindre goutte d'alcool, car ça lui retourne le cœur comme si elle avait le mal de mer ! Qui plus est, elle ne mettra jamais les pieds sur un bateau, pour la même raison. Sans compter sa peur panique de l'orage... tout y est !

Ces éléments semblent donc très probants ! Seulement Mikaelle n'a pas revécu son histoire par elle-même. Alors même si elle a pu la valider par ces détails criants de vérité, elle n'a pas été débarrassée de sa douleur au sternum.

Chiara et moi découvrirons par la suite qu'il faut alors faire appel à une forme de travail énergétique qui « coupe » le lien entre les deux vies.

Place aux histoires de guérison grâce au retour dans les vies antérieures avec l'hypnose !

PIERRETTE SE SENT SI TRISTE

Quand je vois Pierrette, elle me raconte qu'elle souffre souvent d'un sentiment de profonde tristesse dont elle ne sait pas d'où il vient. Cette tristesse l'étreint à n'importe quel moment, et sans qu'elle sache pourquoi ça arrive à ce moment-là. Sans avoir plus d'informations sur ce qui lui pose problème, il peut être intéressant, avec l'hypnose, de choisir la séquence «*retour à l'origine de cette sensation*», qui permet parfois le retour en arrière dans l'enfance, et parfois, dans ce qu'il est convenu d'appeler les vies antérieures. Ce jour-là, Pierrette, une fois installée dans sa transe hypnotique avec des consignes de «*retour en arrière à l'origine de la sensation de tristesse profonde*», doit simplement décrire ce qu'elle «voit» dans sa tête.

Elle voit une jeune femme vêtue d'une longue robe bleue pâle et d'un petit chapeau noué sous la gorge, à la mode au XIXe siècle a priori, toute joyeuse, car elle va voir son fiancé, qui l'attend. Avec ces quelques détails, je sais déjà que Pierrette ne me parle pas d'« elle ».

Alors je demande

— Qui est cette jeune femme ?

— C'est moi, répond Pierrette

— Comment vous appelez-vous ?

— Blanche, souffle-t-elle après un moment où je la vois froncer les yeux.

Puis elle se voit au bal, danser avec son fiancé, et ils sont si heureux. La date du mariage est fixée. Ensuite, elle parle d'une usine, dont le père de son fiancé est propriétaire. Elle voit les ouvriers aller au travail, tous vêtus d'une ample blouse de tissu gris, pantalon et sabots, et elle voit ces machines incroyables, qu'elle n'arrive pas à décrire avec ses mots : des machines énormes, bruyantes et encombrantes, apparemment. Son fiancé travaille là aussi, il va reprendre bientôt l'usine de son père, l'avenir est tout tracé.

« Et ensuite, plus tard, que se passe-t-il de significatif ? » : c'est avec cette seule phrase, répétée à l'infini, que je stimule le récit chez ma patiente.

Et soudain, Pierrette décrit « l'accident ». Son visage se crispe. Son fiancé, qu'elle aperçoit dans l'usine, se fait happer par une machine au moment où il veut regarder le travail d'un ouvrier de plus près. Elle voit son corps qui sursaute, son bras pris dans les engrenages, il perd beaucoup de sang, on n'arrive pas à arrêter la machine... Son père arrive juste pour voir ses yeux se fermer définitivement.

Elle me raconte cela par monosyllabes, une forte émotion l'étreint, elle a des larmes qui coulent dont elle ne semble même pas consciente.

« Et ensuite ? »

La suite, c'est une jeune femme recluse dans sa chambre, qui refuse de s'alimenter et pleure toute la journée, inconsolable. Une tristesse effroyable se lit sur le visage de Pierrette.

Pourquoi toujours demander « *Et ensuite ?* » me direz-vous ?

Une des choses les plus importantes, concernant les vies antérieures, est de permettre à la personne d'aller *au-delà de la mort qu'elle a vécue dans cette vie passée*. Partant de l'idée qu'une résurgence d'une vie antérieure dans la vie actuelle serait le signe que la « coupure entre les deux » ne s'est pas fait correctement, ou qu'un élément de cette vie actuelle a réactivé des souvenirs inconscients de l'autre vie. Le fait de « revivre » la mémoire de la fin de la vie antérieure permet de clore l'histoire ancienne, et de retrouver, dans la vie actuelle, une liberté par rapport à cette « vieille histoire terminée » : du genre « *Blanche est morte : Adieu la vie de Blanche ! Vive Pierrette et la vie de Pierrette !* » comme on disait « *Le Roi est mort, vive le Roi !* » pour passer d'un monarque au suivant.

Là, Blanche raconte, par la bouche de Pierrette, qu'elle est alitée, très faible, n'ayant rien mangé depuis très longtemps. Elle voit arriver ses parents, et les voit pleurer à son chevet, elle les voit de dos, alors qu'ils sont assis à côté de son lit. Elle réalise qu'elle est à la fois dans son lit, et derrière eux, debout. C'est une décorporation, très fréquente au moment de la mort. « Et ensuite ? »

Ensuite, Blanche se voit environnée d'une lumière incroyable, et qui éclipse toute sa chambre. Et là, juste dans cette lumière, elle voit son fiancé qui l'appelle. Elle court, se précipite, et le rejoint. Elle est alors dans un tunnel de lumière somptueuse, et se sent tellement bien.

Le visage de ma patiente rayonne.
Nous arrêtons la séance sur cette belle image.

Pierrette revient de son hypnose avec le souvenir intégral de cette histoire. S'agit-il d'une métaphore censée lui expliquer ce qui pourrait la rendre triste ? Pierrette est convaincue d'avoir vraiment vécu ces émotions – et il est certain que les expressions de son visage et ses larmes étaient très éloquentes et authentiques !

À la suite de cette séance, Pierrette n'a plus ressenti cette grande tristesse insondable. Est-ce parce que son inconscient a clos l'ancienne histoire au profit de la nouvelle qui reste à écrire, ou bien est-ce juste une histoire qui agit pour lui faire changer de comportement à partir d'une métaphore ? Pierrette a « vécu » ces images, elle a ressenti des émotions qui l'ont submergée... et vous ne lui ferez pas démordre que c'était la réalité.

Certaines histoires de séances de régression dans les vies antérieures sont tellement émouvantes – d'ailleurs, elles le sont toutes ! – que c'est un bonheur partagé entre le sujet, et l'hypnothérapeute qui le guide. C'est un peu comme si on avait déterré le même trésor enfoui dans le jardin. Comme si nous avions mis au monde un enfant, ensemble, hors du ventre de sa mère. Oui, les ressentis sont aussi forts que ça. Et même si ma participation s'arrête à répéter encore et toujours les mêmes petites phrases « Et là, c'est comment ?... Où êtes-vous ?... Et ensuite, que se passe-t-il de significatif ?... », cet accompagnement est indispensable et très gratifiant. Parfois, bien sûr, je dois aussi rassurer, dans des moments difficiles incontournables. Ma voix apaisante et quelques mots « *Ça va aller, Pierrette. C'est très bien ce que vous faites. Continuez avec Blanche* », s'adresseront à mon patient, le calmant pendant que son « avatar » dans une vie antérieure, vit des choses difficiles. À ce moment-là, la dissociation fonctionne. Dans d'autres moments, il convient de demander au sujet de trouver une aide pour son « avatar » en souffrance, ou, d'ailleurs, d'aller le secourir lui-même. Et ça fonctionne aussi.

FRANCE, VOYAGEUSE DE L'ESPACE ET DU TEMPS...

France pourrait vous parler avec des étoiles dans les yeux de ses régressions... La première fois, elle se retrouve au pied d'un château moyenâgeux. Elle l'identifie : c'est un château écossais qu'elle aime beaucoup, mais c'est bizarre, il n'est pas tel qu'elle l'a visité dans le temps. Alors elle hésite à le reconnaître vraiment. Pourtant, il ressemble bien. Mais beaucoup plus petit.

« Je suis dans une pièce en haut ; il y a de la lumière... Je ne sais pas si c'est du feu ou de la lumière. J'ai l'impression que je regarde en bas.

[Qu'y a-t-il en bas ?]

En bas, il y a un cheval et un cavalier dessus, tout noir, avec un heaume. Il galope vers moi. Il a un étendard avec du blanc et du rouge. Il est en face de moi et il galope. Y a juste le château, il y a pas de ville en dessous sur la colline comme maintenant.

Il y a du brouillard partout. Je suis dans le brouillard... c'est bizarre, il y a des images du présent qui viennent, il y a l'hôtel, mais c'est le château d'avant... Il est en feu, toute la pièce où j'étais brûle. [NDLR : On voit ici comment opère la confusion lorsque les liens d'une vie à l'autre ne sont pas coupés ! D'ailleurs, exactement de la même manière que parfois, vous reparlez du souvenir de cette visite géniale à votre conjoint(e) alors que vous l'aviez faite avec votre ex... oups !... Vous confondez !]

À son retour chez elle, et sa curiosité aidant, les documents trouvés sur internet montreront à France que le château qu'elle a vu « plus petit » est en fait le château avant son agrandissement au fil de l'Histoire !

Lors d'une autre régression, France voulait retourner en Écosse. Son inconscient en a décidé autrement. Elle s'est retrouvée dans la vie d'Aïcha, une jeune femme vivant en pays moyen-oriental, dans un jardin des mille et une nuits, avec un puits, des bassins de poissons d'ornement, fleurs et arbres, un jardin paradisiaque appartenant à son père, haut placé politiquement. Ce qui ne le protège pas de mauvaises fréquentations, apparemment, si on voit que dans la suite de l'histoire, un rival politique de son père a assassiné ce dernier, et abusé d'Aïcha, qu'il aurait préféré installer dans son harem, avant de la transpercer de son sabre : Celle-ci est morte sur le bord du puits pour avoir refusé de le suivre...

France revient de cette séance en me décrivant une jeune femme aux cheveux et aux yeux noirs, au teint mat et au visage délicat, très fière, habillée de belles robes orientales et couverte de bijoux, avec un joli foulard, bordé de perles, sur la tête. Elle est très émue. Elle a aussi «reconnu» dans la personne de son meurtrier au grand sabre, une personne de son entourage actuel professionnel qu'elle n'aime pas du tout[21]. Et pour cause : si les deux vies sont mal séparées dans son inconscient, alors ce n'est pas France mais Aïcha qui a beaucoup de mal à apprécier cette personne-là ! — On la comprend vu le contexte !

Car les âmes qui se croisent d'une vie à l'autre proviennent toujours des mêmes familles d'âmes, et sont régulièrement les mêmes âmes, face à face, dans des rôles différents — comme l'évoquait le fils de cette femme dans le récit de Brain Weiss « *oh, maman, quand j'étais ta maman et que tu étais ma petite fille...* », et comme le montre aussi l'histoire de Mona petite sœur de Jules, anciennement Nora grande sœur de Tristan. Il n'y a là aucun hasard : nous nous aidons mutuellement à régler nos histoires de vie, à tour de rôle, c'est juste un échange de bons procédés. En lien étroit avec le karma.

France a eu un peu plus tard la surprise de sa vie, chez une amie, qui lui montre des photos de retour de son voyage en Turquie. Sur l'une des photos, France a identifié formellement le puits sur lequel Aïcha est morte — ou, dirons-nous, un puits totalement

---

21 - Vous notez ici une histoire karmique, évidement !

identique, qui signe la réalité de ce qu'elle a « vu » en hypnose, dans ce pays. Un peu plus tôt, chez elle, en observant sur le mur de sa chambre une image de style « *jeune fille au jardin* » qu'elle aime depuis l'enfance, France a remarqué sur cette image que le fichu porté par la jeune fille, qu'elle avait toujours pris pour un voile de type « Vierge Marie », était en fait, vu de plus près, un foulard orné de perles tout autour du front et des temps, exactement comme elle avait identifié la coiffure d'Aïcha pendant sa séance. Et tout d'un coup prise d'une profonde émotion, elle a « compris » — ou ressenti — que c'est pour cela qu'elle aimait tant cette image depuis toujours, sans le savoir : c'est un écho intime d'un souvenir qu'elle avait oublié depuis des siècles !

En effet, notre inconscient est très très sensible à ce qui lui rappelle une vie antérieure. Ainsi, une passion ou un métier exercé dans une vie antérieure peuvent être un centre d'intérêt très grand dans la vie actuelle. Beaucoup vous diront que si Mozart écrivait des symphonies à quatre ans, c'est qu'il a sans doute récupéré des talents d'une vie précédente. Mais, plus près du quotidien, une personne qui est fanatique de petits trains au point d'y consacrer une pièce de sa maison est peut-être un ancien cheminot qui a vécu les débuts de la vie du rail... Un passionné de telle ou telle guerre a sans doute eu l'occasion de mourir sur ce champ de bataille... Un collectionneur de tel ou tel type d'objets les a sans doute utilisés, créés, ou vendus dans une autre vie.

On voit cela aussi à travers des comportements : une façon de se tenir, de parler, de vivre, de se vêtir, des choix de vies : lieux, loisirs, etc., peuvent être l'écho de ces passages incertains de l'inconscient d'une vie à l'autre.

L'histoire de Bertrand contient de ces petits détails captivants. J'ai plaisir à vous la raconter telle qu'elle s'est produite, avec mes notes de séance sous les yeux.

BERTRAND EST EN DETTE

Je vois Bertrand aujourd'hui en rendez-vous. Il s'assied et me dit « Voilà : je ne sais pas quoi faire, je suis beaucoup trop dépendant de Joëlle [NDLR : *son épouse*], ça me prend toute mon énergie et ça l'agace... »

Vu la façon dont il m'en parle, je pense à proposer une régression « à l'origine du problème avec Joëlle ».

Voici la transcription de mes notes « télégraphiques » de cette séance :

Sur un balcon. On me pousse, je ne vois pas qui est derrière. Les soldats, La révolution.

[Comment vous appelez-vous ?]

Je suis écrasé contre la rambarde. Ça court partout. C'est le soir.

[Votre ressenti ? Avez-vous peur ?]

Non... Ils veulent m'emmener mais il y a trop de monde, ils pourront pas.

Ils veulent me mettre en prison.

[Où est Joëlle ?]

À la taverne, elle fait le service.

[Qui est-elle pour vous ?]

C'est la serveuse.

Elle est au courant pour la révolte. Elle travaille avec nous. Elle a rassemblé du monde pour qu'ils viennent m'aider… Elle s'appelle Geneviève… Elle m'a sauvé la vie. Si elle n'avait pas été là, je serais mort au cachot.

[Allez plus loin, à quelque chose de significatif]

Dans la maison dans la forêt. Une maison en pierre. Je fais du jardin. Il y a une marmite sur le feu.

[Qui habite dans cette maison ?]

Geneviève et moi.

[Et qui êtes-vous ?]

Maurice

[En quelle année sommes-nous ?]

… 1794

NDLR : *c'est assez rare d'avoir des dates aussi facilement que celle qui s'est présentée pour Bertrand. À noter que ça a été pour lui un moyen de ratifier son histoire, car la date a donné de la réalité à son histoire sur des documents qu'il a compulsés ensuite !*

[Allez maintenant au jour de la mort de Maurice]

… Je suis au bord du fleuve. J'ai 53 ans. J'ai mal partout, je suis fatigué. Geneviève est à la maison, elle est malade. Je vais aller vendre le bœuf pour pouvoir la soigner… je suis fatigué… Si fatigué… Je tombe dans l'herbe devant le pont.

[Et ensuite, que se passe-t-il ?]

Il fait noir. J'ai mal au dos. C'est dur par terre.

[Et maintenant ?]

Un grand portail, une grille en fer. C'est le portail du cimetière. En Lorraine. Je suis dehors. J'ai mes sabots, un gilet. Je suis tout seul, c'est le coucher du soleil.

NDLR : *À ce moment, je pense que Maurice vient d'être enterré et qu'il ne sait pas où aller, et reste « tout seul » au cimetière « au coucher du soleil » : il est une âme errante, sans doute parce qu'il se sent « en dette » vis-à-vis de Geneviève en mourant avant d'avoir vendu le bœuf et fait venir le médecin. Attaché à ce problème humain, il n'est pas prêt à aller vers la Lumière.*

[Revenez à l'instant de la mort de Maurice]

J'ai mal à la poitrine. Au bord du fleuve. Tombé. Trop fatigué pour me relever. J'étouffe.

[Allez cinq minutes après la mort, c'est comment ?]

Je vois des oiseaux qui passent. Je suis à plat ventre. il y a de l'herbe. Je m'éloigne de moi. Il ne faut pas partir, il faut aller vendre le bœuf pour les sous.

[Pouvez-vous prendre conscience que Maurice est mort à ce moment-là ?]

[Forte émotion de Bertrand, un silence. Puis :]

Je ne peux plus rien faire.

[Le voilà, l'énoncé du problème humain qui tient Maurice et fait de lui une âme errante !]

Bertrand s'intériorise, et je l'entends pousser un gros soupir, signe que les choses font leur chemin, puis il semble très apaisé, il a « fini le travail » tout seul apparemment. Je le réoriente, il ouvre les yeux.

La séance de Bertrand le laisse troublé et amusé en même temps. Il me fait beaucoup de commentaires.

— Je comprends pourquoi j'ai toujours l'impression de lui devoir quelque chose, à Joëlle, elle m'a sauvé la vie ! Et moi, je n'ai même pas pu la soigner quand elle était malade !... Et alors, vous savez, ce qui est drôle, c'est que le prénom de Maurice m'a toujours fait rire. D'ailleurs, quand je cherche mes pantoufles, je les appelle « mes maurice », et si je raconte une histoire et que je cherche un prénom à y mettre, c'est toujours celui-là qui me vient en premier...

Bertrand sort de son rendez-vous avec une belle énergie. Il se sent libéré, du fait qu'il a compris que la dette qu'il avait vis-à-vis de Joëlle est archivée. Même si c'est dur : oui, Maurice devait à Geneviève d'avoir la vie sauve, et oui, Maurice est mort sans pouvoir vendre le bœuf et la faire soigner. D'où sans doute cette culpabilité devenue dépendance envers Joëlle... Mais il y a un petit peu prescription...

Le lendemain, Bertrand m'a rappelée, pour me raconter qu'il a fait des recherches sur internet et à la médiathèque, par rapport à la date (1794), au fait qu'il avait cité la Lorraine, et aux costumes des soldats qu'il avait vus. Il s'attendait à faire chou blanc, ou trouver trop de flou ou d'imprécisions. Or, à sa grande surprise, les couleurs des costumes qu'il a identifiés en hypnose étaient caractéristiques de la guerre du Brabant, dont il n'avait jamais entendu parler auparavant, qui eut bel et bien lieu en 1794 ! Il a donc pu s'approprier son histoire pleinement, et se sentir d'autant plus libre dans la peau de Bertrand !

Il est, avec France, un des seuls à avoir pu « vérifier » des éléments de sa séance. Ceci dit, il faut reconnaître qu'il est assez rare d'avoir des éléments historiques comme un détail architectural ou une guerre datée avec force détails. La plupart du temps, nos retours en arrière se font dans l'intimité de la vie de famille, dans les relations entre proches, comme l'histoire de Pierrette, ou encore dans la simplicité de vies ordinaires. Tout cela est relativement invérifiable. Et cependant tellement crédible : la majeure partie d'entre nous n'a sans doute pas été à la tête de hauts faits d'armes, nous avons plus sûrement vécu des journées « ordinaires » dans des vies « simples »...

VÉRONIQUE A PEUR D'ÊTRE MAMAN

Par exemple, l'histoire de Véronique est très « ordinaire » et invérifiable, sauf à vérifier simplement la cohérence des éléments entre eux.

Véronique vient me voir depuis quelque temps pour « vivre mieux », nous abordons donc un à un les blocages qui l'en empêchent ! Elle évoque sa phobie de l'eau, depuis toujours. Sa relation avec Carl, qui n'arrive pas à être simple, sa peur de l'engagement... Elle me dit un beau jour aussi qu'elle a dépassé la trentaine, et se sent très ambivalente par rapport à un désir d'enfants. Oui, mais non. Trop peur. Peur de ne pas être une bonne mère. Outre les démêlés qu'elle a avec sa propre mère, et sur lesquels nous avons déjà tant œuvré pour l'apaiser, il y a autre chose que Véronique n'identifie pas clairement. Nous allons donc « à la source du problème ».

Voici les notes que j'ai prises lors des deux régressions hypnotiques de Véronique :

Première régression

Je me vois dans une époque il y a longtemps. Une cour de château. Je m'appelle Anne. J'ai une belle robe, un corset dans des tons clairs, les cheveux longs attachés. Il n'y a personne, je vois des arbustes, du buis.

[Un peu plus loin dans le temps ?]

Au même endroit, il fait nuit. Il y a Carl qui m'a rejointe, il a une tenue de cavalier. Il s'appelle Frédéric. Il y a quelque chose qui nous empêche d'être ensemble. Son père à lui. Des histoires de terres. Il est riche. Moi, je n'ai rien.

[Et ensuite ?]

Je suis seule, il fait jour. Il y a de l'eau, une fontaine. Une source. Je suis triste. C'est dans la forêt. J'ai envie de mourir. L'eau ne paraît pas profonde. Je pense à mourir.

[Et ensuite que se passe-t-il ?]

Carl m'a rejointe. Il me fait me relever. Mais ça ne change rien. Il veut que je reste en vie, mais ça ne changera rien.

[Allez au moment significatif suivant]

Je suis couchée dans un grand lit, avec un bébé. Il vient de naître. Je ne suis pas mariée. J'aime ce bébé, mais je ne suis pas complètement épanouie.

Les gens sont tristes, il n'y a pas de sourires. Je suis avec Frédéric. Je crois que je l'ai trompé, mais je ne sais pas avec qui : il ne me parle pas, il m'en veut ?

[Allez au moment significatif suivant]

Ma mère actuelle qui est arrivée. C'est une servante. Je ne me sens pas bien avec elle. C'est elle qui a dit à Carl que je l'avais trompé. Elle me déteste ; Mais je ne suis pas sûre que je l'ai trompé, j'arrive pas à le croire. Pour moi, je ne l'ai pas trompé.

[Et ?]

Je suis avec la servante. Pourquoi elle fait ça ? Je vois sa méchanceté sur son visage. Elle me déteste. Elle me dit que je suis une petite jeune capricieuse et qu'elle, elle a rien. Elle voudrait être à ma place, elle saurait mieux en profiter.

[Parlez-moi de cette servante ?]

Je la vois, quand elle a 30 ans. Je suis une adolescente en uniforme, une tenue avec quelque chose sur la tête, j'ai l'impression d'être une servante, ce n'est pas une tenue de petite fille riche. Je suis dans une ferme. La servante est ma mère.

[Revenez à votre histoire. Ensuite ?]

Il y a la servante, Frédéric, mon bébé et moi dans la chambre, c'est plus calme.

(NDLR : au moment où je vais pour demander à Véronique d'aller plus loin vers la suite, elle pousse un cri et est submergée de larmes.)

Mon bébé est mort ! Il est dans mes bras, et il est mort ! J'ai peur que ce soit la servante, je sais pas si c'est elle ou pas. Elle est là ? Elle a pas l'air si touchée que ça par sa mort.

Frédéric, il fait rien. Pourquoi il réagit pas ?

[Allez un peu plus tard]

C'est l'enterrement de mon bébé. Il y a Frédéric et moi, et le curé, et la personne qui porte le cercueil. Frédéric me prend dans ses bras.

[Allez un peu plus loin]

On est tous les deux au bord de l'eau. On a envie de mourir tous les deux. On descend tous les deux dans l'eau, tous les deux, lentement.

On se plonge dans l'eau tous les deux pour mourir et finalement, on est bien. On est sous l'eau tous les deux. On se laisse mourir. C'est comme si il pouvait rien y avoir à faire d'autre.

[Allez un peu plus loin]

On est morts. On est remontés à la surface. Je suis au-dessus et je me vois flotter sur l'eau. Juste c'est fini. Les douleurs sont finies.

Je cherche Frédéric mais je ne sais pas où il est là, pourquoi on se retrouve pas ? Je me sens toute seule. Il va falloir y aller, mais où ?

[Allez un peu plus loin.]

Quelqu'un vient me chercher. Ma mère-servante. Je suis surprise, j'ai pas de rancœur, elle tend la main vers moi avec de la gentillesse, je la prends.

Je comprends pas trop. Ça fait bizarre de la voir là.

(NDLR : Véronique/Anne ne savait pas que la servante était morte, et trouve étrange aussi que ce soit cette femme-là, avec la malveillance de leur histoire commune, qui vienne l'accueillir.)

C'est comme si je m'étais trompée en l'accusant à tort. Elle paraît tellement gentille ! Elle me guide et moi je l'ai détestée. Mais elle me détestait, je ne comprends

pas. On ne va pas sur Terre. Je ne sais pas où on va. Y a pas de matière, en fait.
[Fin de la séance]

J'interroge Véronique sur les larmes violentes qu'elle a eues. Sa réponse est la suivante :

« C'était très très fort et en même temps, très calme. Comme si ce n'était pas « moi » qui pleurais, « moi », je me sentais bien, mais les larmes sortaient toutes seules et venaient de loin, je n'aurais pas pu les empêcher. Mais je n'étais pas « mal » à ce moment-là. Très curieux. »

Ainsi, nous voyons comme Véronique a pu ressentir sa « dissociation » entre l'âme de cette jeune maman éplorée et Véronique qui revoit la scène de l'intérieur. De ce fait, ces ressentis « étranges » ont « validé » la réalité de cette séquence pour Véronique.

Véronique revient aussi avec de belles interrogations : on peut donc jouer le rôle de quelqu'un de méchant et être une âme pleine de gentillesse ?! On ne peut pas juger la part humaine des personnes qui nous entourent sans priver leur âme d'une réalité bien plus vaste ! Même si on ne la comprend pas.

Vous aurez noté qu'Anne/Véronique a d'abord pensé à se noyer, puis s'est noyée pour de bon. Un élément qui a peut-être joué en faveur de sa phobie de l'eau actuelle…

Une seconde séance de régression nous en dira plus sur ce sujet.

Seconde régression

Je vois Carl. Son visage. Il est plutôt bien. Impression de bien-être. Je le vois un peu plus vieux.

[Des détails en plus ?]

Il est en costume. C'est pas habituel. Un costume sombre. Il a l'air d'un homme d'affaires. Dans un restaurant. Il est debout, pas assis à une table. Il y a du monde. Et du bruit. C'est un hall d'hôtel. Luxueux. Il attend quelqu'un.

[Allez un peu plus loin ?]

Ça me surprend. Je vois la nouvelle petite amie de mon ex-mari. C'est la maîtresse de Carl ! En fait, Carl me trompe avec elle alors qu'on est mariés et qu'on a deux enfants. Carl s'appelle David, et moi Viviane.

[Ça se situe quand dans le temps ?]

Je ne sais pas. Je me vois dans ma cuisine, j'ai l'impression d'être femme au foyer.

[Allez plus loin]

Je me vois jouer avec mes enfants. Ils ont 3 ou 4 ans. On joue par terre avec des voitures, ce sont des petits garçons. Tout se passe bien.

[Êtes-vous une bonne mère ?]

Ça a l'air, rien ne dit le contraire.

[Ensuite ?]

Toujours des images agréables. Dehors, avec les garçons. Ils sont à la balançoire, je joue toujours avec eux.

David rentre du travail. Je suis pas… C'est… comme si le bien-être partait complétement. Je pense que je me doute qu'il n'est pas très fidèle.

Il nous embrasse pour dire bonjour et il rentre s'enfermer dans son bureau pour travailler. J'essaye de ne pas montrer ma tristesse à mes enfants mais c'est difficile. Je les prends dans mes bras, et ils ne comprennent pas pourquoi je pleure.

[Allez au moment significatif suivant]

On est dans un endroit sombre, David et moi. C'est une veillée funèbre. Il y a quelqu'un qui est décédé. Une personne âgée. Le père de David. Il se referme encore plus sur lui, il ne parle pas de ses sentiments.

Il y a une autre pièce où il y a plus de monde, et les enfants sont avec les autres de la famille. Je n'étais pas si proche de son père. Ma douleur est par rapport à David. Il s'éloigne encore plus de moi.

[Allez au moment significatif suivant]

On est en vacances au bord de la mer. Il y a un accident avec mes enfants au bord de la mer. Je ne les ai pas assez surveillés.

Je suis toute seule. Il y a des personnes. C'est un seul de mes enfants qui est perdu, qu'on ne retrouve pas. Je crois qu'on ne le retrouvera jamais. Il s'est noyé. Certainement parce que j'étais triste et je pensais à autre chose.

[Et ensuite ?]

Il faut que j'annonce à David ce qui s'est passé. Il m'en veut. Il dit que j'aurais dû mieux les surveiller. J'ai répondu que j'étais toute seule. Il s'en va. Il me laisse toute seule. Il me quitte parce que ce n'est plus possible.

NDLR : on voit ici comme Véronique semble détachée de tout ce qui se passe dans un récit pourtant assez horrible. En fait, la dissociation entre les deux vies de Véronique et Vivane, ici, met de la distance.

Tout comme ses larmes plus haut étaient celles de « l'autre » elle, dans l'autre vie.

[Allez plus loin]

C'est beaucoup plus tard. J'ai 40 ans. Je vis seule avec mon fils de 15 ans. Je sens que ça ne va pas trop. Nos rapports sont conflictuels.

[Et ensuite ?]

Mon fils veut retourner vivre avec son père. Je suis triste, mais si c'est ce qu'il souhaite... Je le laisse partir. Son père vient le chercher.

[Allez au moment de votre mort]

Je crois que je ne sens plus grand-chose tellement ils me mettent de médicaments. J'ai 45 ans ?

[L'instant de la mort ?]

J'ai du mal à ressentir. Trop de médicaments.

[Juste après la mort ?]

Je me vois sur mon lit d'hôpital.

Je pense que je n'ai pas réussi ma vie parce que j'ai perdu toutes les personnes que j'aimais.

[Êtes-vous vraiment toute seule ?]

Non... je ne vois pas bien...

[Qui est là ?]

C'est encore ma mère qui m'accueille ! Elle essaye de me rassurer. Je me sens responsable de plein de choses.

[Fin de la séance]

Une fois revenue à « aujourd'hui », Véronique parle sur ce qu'elle a vu. Elle comprend sa phobie de l'eau. Elle conçoit mieux pourquoi elle pensait qu'elle serait une mauvaise mère, et accepte également l'idée que cela n'a rien à voir avec sa capacité dans cette vie actuelle.

Après ces séances, Véronique se sent plus à même de s'occuper d'enfants bien à elle. Encore faudrait-il commencer par leur trouver un papa potentiel... c'est une autre affaire.

Nous voyons aussi combien Véronique manque de bienveillance vis-à-vis d'elle-même : sitôt morte, elle se juge déjà négativement sur le ratage de sa vie ! Elle a une croyance forte qu'une vie réussie ressemble à un cliché de « bonheur en technicolor » où il y a une obligation de réussite permanente.

Je lui propose de croire que *réussir sa vie, c'est la vivre malgré les obstacles...*

Mais notre prochaine séance est axée sur une autre demande : je demande à son inconscient de lui révéler certaines de ses réussites.

Régression des réussites

Cette troisième régression est décousue, c'est un « catalogue », mais à l'issue de ces vues, Véronique se sent bien, et l'exprime tout haut : ça fait du bien de voir de vraies réussites.

[Où êtes-vous ?]

Une pièce avec des tableaux. Je suis là et je les regarde. Sur l'un, un paysage avec un grand bâtiment (une église peut-être ?) Au loin, une étendue d'eau. Pas de personnage. C'est au printemps, pas très très joyeux, la demi-saison.

C'est beau !

[Qui a peint ?]

C'est moi. Je m'appelle Rosa.

Sur un autre tableau, il y a une chute d'eau, en pleine forêt ; des couleurs sombres. C'est très réussi. Je me vois avec une blouse, pour la peinture. Je suis dans mon atelier.

[Une autre réussite ?]

Oh ! j'ai l'impression que c'est dans cette vie-ci. Je me vois en mariée, au bras de mon père. C'est là où je vivais avec mon mari ! Je vois toutes les personnes qui m'ont aidée à préparer le mariage. J'ai beaucoup d'amis Ce sont des moments qui rapprochent encore plus...

[Une autre réussite ?]

Je vois un bateau sur un fleuve. Je le vois depuis les berges. Un voilier, ça a l'air d'être assez ancien.

[Quelle réussite ?]

Mon fils qui part. Il est marin. Ils ne sont pas très nombreux sur le bateau. Je lui dis au-revoir, je suis triste qu'il parte, mais je suis fière de lui. Ce n'est pas un moment triste.

[Quoi d'autre ?]

Dans une ruelle sombre avec de hautes maisons.

[Quelle réussite ?]

J'ai trouvé un bébé abandonné, je le garde.

[Et ensuite ?]

C'est une petite fille, elle a 6 ans. Célia. Elle a l'air heureuse !

[Une autre réussite ?]

Je suis dans un très grand appartement très lumineux. De hauts plafonds, des parquets. Je ne sais pas quel rôle j'ai exactement, je travaille dans une maison de haute couture. Je suis en train de choisir des vêtements, les assembler. Je fume avec un fume-cigarette. Je crois que je crée des vêtements.

[Une autre réussite ?]

Je me vois dans une grande salle de bal en grande robe d'il y a très très longtemps. Je me vois danser avec un homme. On est plusieurs à danser. Un homme me demande en mariage. C'est très officiel. Quel bonheur !

[Fin de la séance]

« Mmmmm, ça fait du bien ! » me dit Véronique en s'étirant à sa sortie de transe hypnotique.

Évidemment, c'est un vrai plaisir d'œuvrer en hypnose avec des personnes aussi expressives que celles dont je viens de vous raconter les histoires. Il y a parfois des séances plus difficiles à gérer !

Je pense à Magali, pour laquelle une accumulation de crises d'angoisses sans cause apparente me donne envie de voir ce que la régression hypnotique pourrait nous apporter.

Mes notes relatives à cette séance sont très succinctes, jugez plutôt :

NDLR : Magali est entrée dans la transe hypnotique assez facilement, elle est très sensitive.

J'ai une grande chaleur au visage.

[Allez à l'origine de ces crises d'angoisse]

J'observe que Magali fait beaucoup de petits mouvements. Elle dit qu'elle n'a pas d'image, ne voit rien. Oui, ça arrive!!

Puis elle semble aller plus loin dans sa transe hypnotique, — c'est visible à des signes observables sur le visage, relâchement de la tonicité musculaire, teint,...

Puis Magali me donne à voir des phénomènes spectaculaires. Pas un mot ne sort de sa bouche, malgré mes sollicitations et suggestions destinées à faciliter la parole, mais elle est secouée de tremblements, de spasmes. On appelle cela des abréactions. Ce serait assez impressionnant pour une personne extérieure.

Comme je vois que l'abréaction a du mal à passer, j'ajoute une suggestion pour que Magali aille au bout du travail intérieur, et retraverse la crise en réparant tout ce qui a besoin d'être réparé, avant de sortir de sa transe hypnotique dans un réel état de bien-être.

Lorsque Magali sort de sa transe, elle me dit avoir cru voir une ombre d'un homme très très grand avec une armure, avec de très violents flashs lumineux. On n'en saura pas davantage.

Et, a-t-elle ajouté, il lui était impossible de parler pendant la transe, elle n'y arrivait tout simplement pas.

Frustrant, donc, ce type de séance !

Quoi que quinze jours plus tard, Magali me dit que ça va mieux.

— Chiara, depuis qu'on parle de toutes ces expériences de vies antérieures, je vais te faire partager une expérience que j'ai vécue il y a de cela quelques années... tu veux ?

— Avec plaisir ! Je t'écoute !

— Cette année-là Maurice et moi prenons des vacances exceptionnelles en croisière dans les Caraïbes.

Chaque jour apporte son lot de nouveautés et surprises. Le jeudi, nous nous sommes inscrits pour la promenade en mer avec snorkelling : dotés d'un masque de vision sous-marine et d'un tuba, nous allons pouvoir observer les poissons de toutes les couleurs dont les mers chaudes regorgent.

Le bateau qui nous a pris en charge au port s'arrête au large d'une petite île. L'animateur se fait un plaisir de nous briefer :

« Voilà. Nous allons mouiller l'ancre ici. La zone de snorkeling est délimitée par ces flotteurs que vous voyez ici, là, là... Vous aurez la chance de pouvoir observer les poissons multicolores... mais comme on ne peut pas les obliger à sortir s'ils n'y sont pas décidés, nous avons installé sur le site d'autres petites choses à observer sous l'eau. Comme ça, vous aurez de toute façon de belles choses à voir. Ici — il montre une zone sur la gauche —, vous verrez un vieux sous-marin blanc de la dernière guerre qui a été coulé là, avec sa passerelle sur le dessus... de l'autre côté — il montre la partie droite de la zone snorkelling, vous apercevrez un vieux gréement échoué par le fond… amusez-vous bien, à tout à l'heure ! »

Voilà que, tous soigneusement équipés, nous nous égaillons les uns et les autres sur l'ensemble de la zone impartie. Les petits poissons sont là. Des bleus clairs, des jaunes vifs… des roses ou verts incroyables… à rayures, à taches, unis… de toutes les tailles… c'est juste splendide et magique. Le soleil est de la partie, et nous réchauffe agréablement les épaules en faisant miroiter les flots que nous remuons en bougeant. En bordure de cette masse de rochers qui fait une muraille sur un côté de notre zone d'ébats, et avec tous ces rochers épars autour de nous, on découvre une nature à la fois généreuse et sauvage.

Après l'émerveillement devant la munificence des paysages poissonneux, il me vient l'idée de voir le sous-marin. Je le surplombe bras et jambes écartées, faisant l'étoile de mer pour mieux observer sans bouger. C'est la première fois que je vois un sous-marin du dessus, dans l'eau ! Je longe la passerelle de bout en bout à la nage, c'est amusant. Mais bon, je le trouve moche.

Alors je vais aller vers le vieux gréement : j'adore les histoires et les reportages sur les vieux bateaux coulés au fond des mers, les trésors fabuleux immergés, les pirates… J'ai toujours été fascinée par ce genre d'histoires.

Un coup d'œil circulaire pour repérer vers quoi je me dirige, et j'y suis presque ; un regard vers le fond me renseigne tout de suite : je le vois, il est là. C'est beau !!

À peine je devine la forme, je vois quelques détails, qu'aussitôt, je me sens vraiment mal ! J'ai la sensation d'étouffer ! C'est comme si j'étais en train de me noyer et d'être tirée vers le fond par les pieds sans pouvoir me débattre !! Je bois la tasse avec le tuba. Je suis obligée de me redresser dans l'eau, tant bien que mal. Je fais des brasses ridicules avec la sensation de perdre mes repères, mon équilibre, j'étouffe, je me sens en détresse, et personne ne voit rien.

Je suis loin de tout support potentiel, au plein milieu de l'eau. Il faut que je me ressaisisse. J'enlève le tuba et le masque, tout en essayant de retrouver un semblant d'équilibre dans l'eau, mais rien à faire. Je me sens attirée au fond, je suffoque à l'air libre, on dirait qu'il fait froid et que le soleil est parti.

Pourtant, rien n'a changé, le soleil est bien là, mais j'ai froid.

Rapidement, je m'éloigne du vieux gréement. À quelques mètres, là, je ne le vois plus. Et enfin, je retrouve mon souffle, ma respiration se stabilise, et je me réchauffe instantanément.

Au moment de chercher une image de voilier immergé, voilà que celles que je regarde me donnent à nouveau une sensation de vertige bizarre. Alors je préfère mettre ici cette image d'un beau voilier au-dessus de l'eau ! Hommage involontaire à Chiara : celui-ci s'appelle La Lune.

Je suis convaincue que mon inconscient a retrouvé des sensations connues de lui dans une autre vie où la noyade fut l'issue : Je crois, et je l'avais déjà pensé, avoir eu l'occasion de mourir noyée sur un vieux voilier. Ce jour-là, j'ai eu le sentiment de revivre cela en sensations. Rien de mental. Juste un vécu sensoriel envahissant et précis qui ne laissait pas trop de place au doute... Quand j'y repense, les sensations sont d'ailleurs toujours là.

— Eh oui, acquiesce Chiara, ce sont des expériences très fortes !

— Oui. Et tu sais, le plus fort c'est qu'en revivant les ressentis de cette « noyade antérieure », si on peut dire, j'ai obtenu le même bénéfice qu'avec les séances d'hypnose où les patients retrouvent leurs autres vies : Avant cette expérience, j'étais incapable de diriger la douche vers mon visage, maintenant, je le fais sans problème, et de même, j'arrive maintenant à nager en mettant la tête dans l'eau, ce que je ne faisais jamais avant, malgré les douleurs que ça m'occasionnait dans le cou pour tenir la tête hors de l'eau !

— Eh oui, apparemment, la force de la reviviscence est dans le fait que l'inconscient travaille à fond... ou bien est-ce l'âme qui se reconnecte à elle-même ? sourit Chiara.

— Et maintenant... si je te prouvais aussi que tu n'es pas la seule à être une sorcière ?

— Mia Claire, une strega ? se moque-t-elle gentiment

— On disait l'autre jour que si nous étions davantage attentifs à nos hobbies, comportements spéciaux, vocabulaire, etc, nous pourrions nous approprier plus souvent des résurgences de nos vies antérieures, tu te souviens ?

Mon autre exemple est assez amusant. J'ai toujours aimé les histoires de sorcières, j'en ai même écrit pour mes enfants, et j'ai joué à « être une sorcière », déguisement, rôles, gestuelle, jeux...

Au collège, alors que le professeur de français nous demandait de rédiger une recette de cuisine, pour utiliser tout le vocabulaire et le style approprié, j'ai préféré créer de toutes pièces la recette du... Bouillon de Onze-heures[22] !

Chiara éclate de rire devant les clowneries que je fais en mimant le touillage du bouillon dans un chaudron de sorcière et toutes les grimaces qui vont avec.

— Pour le dîner de ce soir ? propose-t-elle.

— Euh... non merci, sans façon.

Côté sorcières, j'ai écrit beaucoup plus tard une chanson[23] pour mes enfants, où ils chantent *« c'est évident que dans le temps, c'était une sorcière, ma*

---

22 - Ce fameux bouillon était celui de la dernière heure, à la fois du jour (minuit étant la première heure du jour suivant) et la dernière heure de celui qui le buvait ! Un bouillon de Onze Heures est clairement un bouillon empoisonné, un poison. Et a souvent été attribué aux sorcières également, férues en philtres maléfiques (c'est d'ailleurs une sorcière qui intervient dans Blanche-Neige, pour empoisonner la pomme...)

23 - En fait ce n'est pas une chanson, mais toute une comédie musicale intitulée « Family Flash », qui parle de la vie de famille. Créée en 1996 à Maromme (76). La chanson d'entrée s'appelle... « Monstres et sorcières ».

maman», alors même qu'à cette période-là de ma vie, c'était tout sauf évident pour moi, d'ailleurs, de l'envisager.

À peu près à la même époque, j'ai réalisé en couture-déco des porte-serviettes fantaisie pour ma famille. Mon fils aîné a hérité d'une girafe s'abreuvant au bord d'un ruisseau, sa sœur d'un chat *noir* (! ... de sorcière donc) courant après une souris. Celui que j'ai réalisé pour moi, c'était... une sorcière envolée sur son balai sous un croissant de lune argenté (propice au bal des sorcières). Rien que de très banal, n'est-ce pas ?!

Eh bien « comme par hasard », un jour, en travail de régression, j'ai justement retrouvé une vie antérieure où j'avais des talents de guérisseuse avec des plantes. Elle se termina lorsque je fus brûlée en tant que *sorcière* sur un bûcher, en Italie me semble-t-il, au XVe siècle. Bon, il se trouve que j'ai pu identifier ceux qui me harcelaient en dansant autour du bûcher tandis que j'étais dans les flammes, comme étant des participants d'une période difficile de ma vie au XXe siècle : il n'y a jamais de hasard au fait que nous retrouvions spontanément des liens avec nos vies antérieures, n'est-ce pas ? Elles font écho à la vie actuelle d'une façon ou d'une autre. C'était bien le cas ici, avec ma sorcière et ses accusateurs.

Et si c'est précisément à cette époque que j'ai écrit, chanté et cousu des sorcières, c'est parce que les *affreux italiens* qui m'avaient brûlée vive faisaient partie aussi de cette époque de ma vie de XXe siècle : il y avait quelque chose à régler à ce moment-là, sans aucun doute. Le Karma...

Chiara acquiesce silencieusement en me regardant avec bienveillance.

—... Et tout compte fait, tu vois, je réalise aujourd'hui qu'avec ce qui s'est passé dans ma vie à cette période, je crois bien que tout est désormais en ordre. (*Non, non, je te rassure, je ne les ai pas fait brûler en retour. Le karma se contente aussi d'approches symboliques !*) Mais je suppose qu'il fallait pour cela que mon inconscient réveille cette partie de mon « histoire antérieure » qui avait besoin d'être complétée.

≈

J'ai donc déjà été thérapeute. J'ai été une « sorcière » brûlée vive. Je m'amuse aussi de détails : dans cette vie je ne suis pas « brûlée » mais « Burel » (mêmes lettres), je préfère. Pas de hasard, dit-on : ce sont tous ces signes et d'autres encore qui donnent du sens à ces « devinettes étranges » des vies antérieures.

— Et si ça se trouve, ma chère Chiara,
nous pourrions ajouter à cette liste-devinette
le fait que tu viennes d'Italie,
pays où je fus brûlée vive, que tu portes ici
le même prénom que moi (Claire et Chiara !)

et que tu sois, toi, une vraie sorcière (clairvoyante,
claire-audiante, médium, télépathe,
que sais-je encore, — est-ce que je sais tout de toi ?)
avec tes cheveux noirs — aile-de-corbeau...
Et ton obsession à ce que je sois moi aussi tout cela...

Si ça se trouve, il y a un autre secret là-dedans...

— Si ça se trouve, va savoir... !

[Chiara me fait un clin d'œil]

Oui. Si ça se trouve, Cher Lecteur, allez savoir...

Nous arrivons au terme de ce voyage parmi des expériences plus extraordinaires les unes que les autres, et je suis heureuse de l'avoir fait en votre compagnie.

Et si ça se trouve, il y a un autre secret là-dedans.

Toutes les histoires racontées ici sont vraiment arrivées. Je me suis contentée de les anonymer en les déplaçant et en changeant les prénoms.

Mais je vous dois un aveu :

Chiara n'existe pas.

Ou plus exactement, elle existe dix fois au lieu d'une.

Chiara est le personnage sous lequel j'ai regroupé toutes les (vraies) merveilleuses personnes avec lesquelles j'ai pu découvrir tout ce qui est relaté ici.

En vérité, elle porte dix prénoms, mène dix existences, en dix lieux distincts, et fait dix métiers différents, dont les miens. Au cœur de ces dix Chiara que j'ai réunies en une, il y a un point commun fabuleux qui me les rend si chères : leur capacité commune à vivre ces expériences de façon totalement naturelle avec un grand sens spirituel, beaucoup de bienveillance et un humour joyeux.

Tout ce que j'ai puisé auprès de chacune d'elles, vous le retrouvez ici dans la bienveillance, l'humour, la sagesse et la douceur tendre de « ma » Chiara.

Faire vivre Chiara pour faciliter le fil du récit et respecter l'anonymat de ces dix belles personnes, aura été la seule liberté que j'ai prise avec la vérité.

Et finalement, ce n'est pas l'essentiel, n'est-ce pas ?

Car l'essentiel a quelque chose à voir avec l'Amour.

≈

EN GUISE DE CONCLUSION...

Nous pouvons vraiment être curieux de cette organisation incroyable de la Vie pour que tout ce qui a du sens s'exprime... mais nous n'aurons jamais toutes les réponses ! Celles qui vous sont proposées ici sont une approche de ce que vous et moi explorerons davantage en temps utiles, dans une dimension tellement plus grande qu'il serait hasardeux de supposer que nous pouvons déjà tout anticiper...

Qu'à cela ne tienne : si avec ces lignes je vous ai aidé à vous poser davantage de questions, à défaut de vous donner des réponses, j'en serai ravie aussi. Car, comme Chiara, toutes les Chiara, je n'ai pas la prétention d'avoir toutes les réponses non plus.

Nous chercherons tous ensemble !

Si vous le désirez, vous pouvez également partager avec moi vos histoires extraordinaires, vos questions spirituelles, vos commentaires sur ce que vous venez de lire, etc, par mail, à l'adresse :

bonjour@ claireburel.com

SI VOUS AVEZ VÉCU UNE EXPÉRIENCE EXTRAORDINAIRE

Vous pouvez trouver des personnes attentives pour vous écouter et accompagner votre cheminement. Certains thérapeutes seront heureux de vous accompagner dans votre avancée, il faudra choisir le vôtre avec soin : il doit être capable de vous écouter en respectant votre expérience, ne pas émettre de doutes ou chercher à vous faire oublier ou modifier quoi que ce soit, ne rien ajouter ou modifier à votre expérience, ni tenter de vous convaincre que vous avez rêvé… et pas davantage vous pousser vers une déresponsabilisation de type sectaire !

Il existe des structures de plus en plus attentives aussi à ce type d'expériences et qui les étudient avec des professionnels :

L'INREES – Institut National de la Recherche sur les Expériences Extraordinaires, créé par Stéphane Allix et actuellement dirigé par Sébastien Lilli, a mis sur pied un **réseau d'écoute de thérapeutes** spécialement formés à la compréhension de ces expériences et des expérienceurs, dirigé par Agnès Delevingne.

Son magazine « Inexploré » se fait l'écho de nombreuses expériences, de recherches et découvertes extraordinaires. Sur le site de l'INREES vous pouvez également témoigner d'une expérience extraordinaire, qui ira probablement enrichir la page adéquate du magazine. Récemment, l'INREES s'est dotée d'une **WEBTV** et organise régulièrement des **conférences et rencontres.**

www.inrees.com
http://www.inrees.com/Ecouter-l-extraordinaire
http://www.inrees.com/tv
https ://fr-fr. facebook. com/INREES-
https ://www.youtube.com/user/inrees

ISSNOE, Institut Suisse Des Sciences Noétiques, dirigé par Sylvie Dethiollaz, s'est donné pour mission **d'étudier la conscience**, dans tous ses états possibles. Il recueille également **des témoignages** et apporte un **soutien psychologique** aux expérienceurs et à leur famille. Il organise également des **conférences** :

http://www.issnoe.ch/temoignages/
https ://www.facebook.com/issnoe.ch/

BIBLIOGRAPHIE

Classement par thèmes abordés. Un ouvrage peut donc se retrouver sous plusieurs paragraphes.

« EXPÉRIENCES EXTRAORDINAIRES »

* INREES, collectif sous la direction de Stéphane Allix, « Manuel clinique des expériences extraordinaires », Interéditions, 2009.
* CHAMBON, Dr Olivier & BELVIE, William, « Expériences extraordinaires autour de la mort ».
* KÜBLER-ROSS, Elisabeth, « Mémoires de vie, mémoires d'éternité : la mort n'existe pas », pocket, 1999.

MIEUX COMPRENDRE LE SENS DE LA VIE

* AMBRE, Alexis, « Qui dit que la mort est une fin ? » Clair de Terre, 2005.
* BOURBEAU, Lise « Les 5 blessures qui empêchent d'être soi-même ».
* BUREL, Claire, « Le Petit Livre qui change la vie... en mieux ».

* DROUAUT, Patrick, « Nous sommes tous immortels ».
* KÜBLER-ROSS, Elisabeth, « Mémoires de vie, mémoires d'éternité : la mort n'existe pas », pocket, 1999.
* KÜBLER-ROSS, Elisabeth ; KESSLER, David, « Leçons de vie : comprendre le sens de nos désirs, de nos peurs, de nos espoirs » Pocket, 2004.
* MORZELLE, Jean, « Tout commence après : mes rencontres avec l'au-delà », CLC éditions, 2007.
* RICARD, Matthieu, « La citadelle des neiges, conte spirituel ».
* THÉRÈSE de LISIEUX, « Histoire d'une âme ».
* THOUIN, Lise, « De l'autre côté des choses. Le miracle de la vie », Presses de la Renaissance, 1998.
* VALLEJO-NAGERA, Maria, « Un messager dans la nuit », Éditions des béatitudes.
* WALSCHE, Neale Donald, « Conversations avec Dieu, tome 1 » Aventure secrète, 2003.
* WALSCHE, Neale Donald, « Conversations avec Dieu, tome 2 » Aventure secrète, 2006.
* WALSCHE, Neale Donald, « Conversations avec Dieu, tome 3 » Aventure secrète, 2010.
* WALSCHE, Neale Donald, « La petite âme et la terre : je suis quelqu'un », 2008.
* WALSCHE, Neale Donald, « La petite âme et le soleil » 2008.
* WALSCHE, Neale Donald, « Présence de Dieu, une sagesse extraordinaire nous entoure et nous guide », Aventure secrète, 2004.
* WALSCHE, Neale Donald, « Quand tout change, Changez tout ! » Ariane 2011.

* WALSCHE, Neale Donald, « L'abondance véritable ? Bonheur, processus de création et maîtrise » Ariane, 2008.
* WALSCHE, Neale Donald, « Ce que Dieu veut », Guy Trédaniel, 2005.

WEB

* Blog LE-RIME le-rime. com
* Blog Claire BUREL : ClaireBurel. com

Jeu de cartes

* BUREL, Claire, EMORINE, Marie-Pierre, « Mille Mercis », le jeu qui développe la Gratitude, la pleine conscience, et l'intuition pour plus de joie de vivre au quotidien

MIEUX VIVRE L'APPROCHE DE LA MORT ET LE DEUIL

* CHARBONNIER, Dr Jean-Jacques, « Les 7 bonnes raisons de croire à l'au-delà : le livre à offrir aux sceptiques et aux détracteurs », Trédaniel, 2012.
* CHARBONNIER, Dr Jean-Jacques, « La mort expliquée aux enfants mais aussi aux adultes ».
* CHARBONNIER, Dr Jean-Jacques, « Les preuves scientifiques d'une vie après la vie », 2016.
* KÜBLER-ROSS, Elisabeth, « La mort est un nouveau soleil : quand la mort est une porte ouverte sur une autre vie », pocket, 2002.
* THOUIN, Lise, « De l'autre côté des choses. Le miracle de la vie », Presses de la Renaissance, 1998.

* THOUIN, Lise, « Boule de rêve », 2002 [Album & Cd Histoire pour aider les enfants qui s'approchent de la mort].

MIEUX COMPRENDRE LA MORT ET L'AU-DELÀ

* ALLIX, Stéphane, « La mort n'est pas une terre étrangère. Au-delà, enquête et témoignages » Albin Michel, 2011.
* ALLIX, Stéphane, « le Test : une expérience inouïe : une preuve de l'après-vie ? », 2016.
* CHAMBON, Dr Olivier & BELVIE, William « Expériences extraordinaires autour de la mort ».
* CHARBONNIER, Dr Jean-Jacques, « Les 7 bonnes raisons de croire à l'au-delà : le livre à offrir aux sceptiques et aux détracteurs », Trédaniel, 2012.
* DROUAUT, Patrick, « Nous sommes tous immortels ».
* KARDEC, Allan, « Le livre des esprits », Aventure secrète, 2010.
* KÜBLER-ROSS, Elisabeth, « La mort est un nouveau soleil : quand la mort est une porte ouverte sur une autre vie », Pocket, 2002.
* KÜBLER-ROSS, Elisabeth, « La mort est une question vitale », Albin Michel, 2010.
* KÜBLER-ROSS, Elisabeth, « Mémoires de vie, mémoires d'éternité : la mort n'existe pas », pocket, 1999.
* NEWTON, Mickael, « Un autre corps pour mon âme : souvenirs de voyage dans l'au-delà », Éditions de l'Homme, 2008.

* RAGUENEAU, Philippe, « De l'autre côté de la vie ».
* SIGWARD, Comte d'EULENBURG, « Le pont par-dessus le fleuve ».
* VAN ERSEL, Patrick, « La source noire », J'ai lu, 1987.
* VAN PRAAGH, James, « Dialogues avec l'au-delà. Les preuves d'une vie après la mort » Aventure secrète, 2004.
* VOGEL, Gretchen, « Les choix dans l'au-delà : ou irons-nous et que ferons nous après la mort », Le Dauphin Blanc, 2009.

EXPÉRIENCES DE MORT IMMINENTE E.M.I./N.D.E.

* ALEXANDER, Eben, Dr « La preuve du Paradis ».
* AMBRE, Alexis, « Qui dit que la mort est une fin ? » Clair de Terre, 2005.
* BAUDOIN, Bernard, « Expériences de mort imminente : perception d'une vie après la mort », De Vecchi, 2010.
* BENHEDI, Louis, MORISSON, Jocelyn « NDE : Expériences de mort imminente » DERVY, 2008.
* DRON, Nicole, « 45 secondes d'éternité : mes souvenirs de l'au-delà », 2009.
* DUCHEMIN, Joëlle, « Mémoires ancestrales : récit de mon initiation », Safran, 2007.
* EADY, Betty, J., « Dans les bras de la Lumière ».
* MOODY, Raymond, « La vie après la vie », Robert Laffont, 1977.
* MOODY, Raymond, « Lumières nouvelles sur la vie après la vie », Aventure secrète, 2004.

*

* MOORJANI, Anita, « Revenue guérie de l'au-delà », aventure secrète.
* MORZELLE, Jean, « Témoignages d'éternité. Après notre mort,... la vie » Éditions Aquarius, 2003.
* MORZELLE, Jean, « Tout commence après : mes rencontres avec l'au-delà », CLC éditions, 2007.

En DVD

* ALEXANDER Eben et MOODY, Raymond, « L'évidence de l'après vie : conversations ».
* BARKALLAH, Sonia, « FAUX DÉPART — Enquête sur les expériences de mort imminente », Arcades Vidéo, 2010.
* INREES, Stéphane Allix, « Enquêtes extraordinaires », 2 coffrets.

  « AFTERLIFE : La Vie après la Vie » *(Jupiter-films. com)*

  « El Ciel Es real » Greg Kinnear *(version Française)*.

MÉDIUMNITÉ

* ALLIX, Stéphane, « Le test : une expérience inouïe : la preuve de l'après-vie ? ».
* BOUVIER, Hélène, « Missions des âmes dans l'au-delà » Éditions Le temps présent, 2009.
* VALLEE, Dominique, « Voyage dans l'au-delà ».
* VAN PRAAGH, James, « Dialogues avec l'au-delà. Les preuves d'une vie après la mort » Aventure secrète, 2004.
* VIGNAUD, Henry, « En contact avec l'invisible témoignage d'un médium sur l'au-delà » INREES. interéditions, 2011.

ÂMES & ESPRITS, ÂMES ERRANTES, ENTITÉS

* DELIGNE, Anne, « Et si ce n'était pas moi ? » M. Broquet, 2009.
* FIORE, Édith, « « Les esprits possessifs : une psychothérapeute traite de la possession », Exergue, 2009.
* LABONTE, Marie-Lise, « Les familles d'âmes ».
* LAPRATTE, Anick, « Une autre âme dans ma fille ».
* LAPRATTE, Anick, « Se libérer des âmes errantes ».

DVD

* Film : « 6e sens »
* Film : « Ghost »

RÉINCARNATION & VIES ANTÉRIEURES

* FIORE, Édith, « Nous avons tous déjà vécu », R. Laffont, 1979.
* NEWTON, Mickael, « Un autre corps pour mon âme : souvenirs de voyage dans l'au-delà », Éditions de l'Homme, 2008.
* STEVENSON, Ian, « 20 cas suggérant le phénomène de réincarnation. L'enquête la plus sérieuse au monde » Aventure secrète, 2007.
* WAGNER Mc CLAIN, Florence, « La régression vers les vies antérieures ».
* WEISS, Brian-L.,. « Nos vies antérieures, une thérapie pour demain », aventure secrète, 2005.

* WEISS, Brian L., « Une même âme de nombreux corps. Nos incarnations futures, comment les influencer dès maintenant » Éditions Véga, 2006.

TÉMOIGNAGES, EXPÉRIENCES VÉCUES

(tous domaines confondus)

* ALEXANDER, Eben, Dr « La preuve du Paradis ».
* ALLIX, Stéphane, « La mort n'est pas une terre étrangère. Au-delà, enquête et témoignages » Albin Michel, 2011.
* ALLIX, Stéphane, « Le Test : une expérience inouïe : une preuve de l'après-vie ? », 2016.
* AMBRE, Alexis, « Qui dit que la mort est une fin ? » Clair de Terre, 2005.
* BARDOUX, Jean-Paul, « Géobiologie et guides de Lumière ».
* BOUVIER, Hélène, « Missions des âmes dans l'au-delà » Éditions Le temps présent, 2009.
* CADDY, Eileen, « Les jardins de Findhorn ».
* DELIGNE, Anne, « Et si ce n'était pas moi ? » M. Broquet, 2009.
* DRON, Nicole, « 45 secondes d'éternité : mes souvenirs de l'au-delà », 2009.
* DUCHEMIN, Joëlle, « Mémoires ancestrales : récit de mon initiation », Safran, 2007.
* EADY, Betty, J., « Dans les bras de la Lumière ».
* EMOTO Masaru, « La médecine du Hado ».
* FIORE, Édith, « Nous avons tous déjà vécu », R. Laffont, 1979.

* FIORE, Édith, ««Les esprits possessifs : une psychothérapeute traite de la possession», Exergue, 2009.
* JOLLIEN, Alexandre, «Petit traité de l'abandon : Pensées pour accueillir la vie telle qu'elle se propose».
* KÜBLER-ROSS, Elisabeth, «Mémoires de vie, mémoires d'éternité : la mort n'existe pas», pocket, 1999.
* LAPRATTE, Anick, «Une autre âme dans ma fille».
* MOORJANI, Anita, «Revenue guérie de l'au-delà», aventure secrète.
* MORZELLE, Jean, «Témoignages d'éternité. Après notre mort,... la vie» Éditions Aquarius, 2003.
* MORZELLE, Jean, «Tout commence après : mes rencontres avec l'au-delà», CLC éditions, 2007.
* RAGUENEAU, Philippe, «De l'autre côté de la vie».
* RICARD, Matthieu «La citadelle des neiges, conte spirituel».
* SIGWARD, Comte d'EULENBURG, «Le pont par-dessus le fleuve».
* STEVENSON, Ian, «20 cas suggérant le phénomène de réincarnation. L'enquête la plus sérieuse au monde» Aventure secrète, 2007.
* THÉRÈSE de LISIEUX, «Histoire d'une âme».
* THOUIN, Lise, «De l'autre côté des choses. Le miracle de la vie», Presses de la Renaissance, 1998.
* VALLEE, Dominique, «Voyage dans l'au-delà».
* VALLEJO-NAGERA, Maria, «Un messager dans la nuit», Éditions des béatitudes.
* VAN ERSEL, Patrick, «La source noire», J'ai lu, 1987.

* VAN PRAAGH, James « Dialogues avec l'au-delà. Les preuves d'une vie après la mort » Aventure secrète, 2004.
* VIGNAUD, Henry « En contact avec l'invisible témoignage d'un médium sur l'au-delà » INREES. intereditions, 2011
* VOGEL, Gretchen, « Les choix dans l'au-delà : où irons nous et que ferons nous après la mort », Le Dauphin Blanc, 2009.
* VUJICIC, Nick, « La vie au-delà de toute limite ».
* WALSCHE, Neale Donald, « Conversations avec Dieu, tome 1 » Aventure secrète, 2003.
* WRIGHT, Machaele Small, « Vivre conscient du divinen toute chose ».
* WRIGHT, Machaele Small, « M.A.P » [auto-protocole de soin & guérison spirituelle].

DVD

* ALEXANDER Eben et MOODY, Raymond « L'évidence de l'arès vie : conversations ».
* BARKALLAH, Sonia, « FAUX DÉPART – Enquête sur les expériences de mort imminente », Arcades Vidéo, 2010.
* INREES, Stéphane Allix, « Enquêtes extraordinaires », 2 coffrets.

« AFTERLIFE : La Vie après la Vie » *(Jupiter-films. com).*
« El Ciel Es real » Greg Kinnear *(version Française).*

HYPNOSE

* BERNAT, Claude, Dr « Hypnose et Santé, thérapie hors du commun », Lanore.
* ERICKSON, Milton, H. « Ma voix t'accompagnera », 1998.
* ERICKSON, Milton, H « L'Hypnose Thérapeutique, 4 conférences », 2009.
* ERICKSON, Milton, H « L'intégrale des articles de Milton Erickson sur l'hypnose. » 4 tomes. 2009.
* ERICKSON, Milton, H « Traité pratique de l'hypnose : la suggestion indirecte en hypnose clinique », Grancher, 2006.
* ERICKSON : KEENEY « Le Dr Milton H. Erickson, Médecin et guérisseur américain », Le Germe, 2009.
* HALEY, Jean, « Un thérapeute hors du commun, Milton H. Erickson » DDB, 2007.
* QUELET, Dr Jacques ; PERROT, Olivier « Hypnose. Techniques et applications thérapeutiques », ellébore, 2003.

EXPÉRIENCES EXTRAORDINAIRES DIVERSES

(pour aller plus loin dans vos découvertes)

Techniques diverses de soin et de connaissance de soi

* ANCELIN SCHÜTZENBERGER, Anne, « Psychogénéalogie : guérir les blessures familiales et se retrouver soi », Payot, 2007.
* BOURBEAU, Lise, « les 5 blessures qui empêchent d'être soi-même ».
* BODIN, Luc, Dr « Soigner avec l'énergie ».

* BODIN, Luc, Dr « Manuel de soins énergétiques ».
* D'AUBRET, Coline, De BOIS CENTI, France, LAHORE, Idris « Ennéagramme et énergétique ».
* LAHORE, Idris, « Les 7 points de la guérison », EccE.
* LAPRATTE Anick, « A quelle fréquence vibrez-vous ? ».
* MILLMAN, Dan, « Votre chemin de vie » [vos chiffres & dates expliqués par la numérologie].
* WRIGHT, Machaele Small, « M.A.P » [auto-protocole de soin & guérison spirituelle].

ENFANTS INDIGOS, ACTUELS, CRISTAL...

* NEVEU, Marie-Françoise, « Les enfants Actuels : le grand défi cerveau droit dans un univers cerveau gauche ».
* NEVEU, Marie-Françoise, « Et s'il s'agissait d'autre chose ? enfants autistes, hyperactifs, dyslexiques... ».
* VIRTUE, Doreen, « Aimer et prendre soin des enfants indigos ».
* VIRTUE, Doreen, « Les enfants cristal : un guide pour la nouvelle génération d'enfants sensibles et clairvoyants ».

Géobiologie

* BARDOUX, Jean-Paul « Géobiologie et guides de Lumière ».

L'Eau

* EMOTO, Masaru, « Le miracle de l'eau ».

* EMOTO, Masaru, « L'eau, mémoire de nos émotions ».
* EMOTO, Masaru, « La médecine du Hado ».

La Nature/jardinage

* CADDY Eileen « Les jardins de Findhorn ».
* WRIGHT, Machaele Small, « Vivre conscient du divin en toute chose ».
* WRIGHT, Machaele Small, « Le Jardin de Perelandra, tome 1 : Guide complet du jardinage avec les Intelligences de la Nature ».
* WRIGHT, Machaele Small « Le Jardin de Perelandra, tome 2 : Processus énergétiques co-créatifs pour le jardinage, l'agriculture et la vie ».

WEB

* www.perelandra-ltd.com/
* www.jardins-cocreatifs.com/13-2-essences-de-perelandra
* www.artstella.com/-Les-elixirs-de-jardin-Perelandra

LES ANGES/LES GUIDES SPIRITUELS

* BARDOUX, Jean-Paul, « Géobiologie et guides de Lumière ».
* CADDY, Eileen, « La petite voix », [Textes inspirés, accompagnement quotidien].
* VIRTUE, Doreen, « La voie des artisans de Lumière : réveillez votre pouvoir spirituel de la connaissance et de la guérison », 2010.

* VIRTUE, Doreen, « être à l'écoute de vos anges », Exergue, 2007.
* SCHALLER, Christian Tal, « Communiquer avec ses guides spirituels ».

AUTRES DVDS ET ENREGISTREMENTS INSPIRANTS

* « Un jour sans fin »
* « La vie est belle » R. Benini
* « La vie est belle » Capra
* « Un monde meilleur » Kevin Spacey

MAGAZINES

* 2E, rebaptisé « Inexploré », magazine de l'INREES
Cerveau & psycho.

RETROUVER CLAIRE BUREL

Sites internet
claireburel.com

Chaine youtube
Claire BUREL

Page LinkedIn
Claire BUREL, enthousiasmeuse

Pages Facebook
Le comptoir des curiosités
Les Mots Qui Soignent
Mille Mercis, le jeu de la gratitude
Vivre Heureux à la maison des enfants (Humanitaire)

Claire BUREL est Membre de la Société des Auteurs de Normandie et de l'Association l'Association Bien-être en Normandie.

Elle étudie avec plaisir toute demande ou proposition de Conférences sur les sujets de ses ouvrages, sur toutes les valeurs d'une vie réussie et épanouissante, ainsi que toute proposition de participation à des salons et à des séances de dédicaces en librairie,

Elle propose aussi des réunions de présentation ou d'atelier découverte autour du jeu « Mille Mercis » pour développer la gratitude, l'intuition et la pleine conscience. (Dans le lieu de votre choix ou par skype.)

DU MÊME AUTEUR

* Le petit livre qui change la vie… en mieux ! Lanore, 2014.
* Dites Zut à la routine ! Lanore, 2015.
* Mille Mercis, jeu de cartes, Éditions EccE, 2015.
* Et si Jeuner était plus facile que vous ne pensiez ? Lanore 2015
* Expériences Extraordinaires de l'Invisible, Lanore 2016.
* La routine c'est fini, Jouvence 2017.
* Ho'oponopono 2.0 - le livre, Ecce 2017.
* Ho'oponopono 2.0 - le jeu, Ecce 2018 .
* Pourquoi vous allez adorer l'hypnose, Lanore 2018.
* Ti-Lapin n'aime pas le bruit, EccE 2018.
* Le Petit Livre qui change la vie en mieux, Lanore Poche 2019.
* Mes carnets secrets anti-routine, Lanore 2019.
* Et si Jeuner était plus facile que vous ne pensiez ? Lanore poche, 2019.
* Basile ne veut pas être malade, EccE 2019.
* Ho'oponopono Vivant, Lanore 2020.
* Des nouvelles de vos voisins, recueil de nouvelles, autoédition 2020.
* Il ne suffit pas de rêver son envol, il faut battre des ailes, Lanore 2022.

TABLE DES MATIÈRES

Préambule ... 9
Avant-propos
Ce qui est invisible existe-t-il ? ... 17
Passage d'âmes et âmes errantes ... 23
Quand les défunts ne lâchent pas les vivants ... 85
Les EMI (expériences de Mort Imminente) ... 116
Une véritable histoire drôle
de la Loi de l'abondance... ... 143
La médiumnité ... 145
Plusieurs niveaux de conscience.
La notion de Karma ... 182
Vies Antérieures ... 212
En guise de conclusion... ... 261
Si vous avez vécu
une expérience extraordinaire ... 263
Bibliographie ... 265

IL NE SUFFIT PAS
DE RÊVER SON ENVOL,
IL FAUT
battre
des ailes
MOTIVATION & ACTION
by CLAIRE BUREL
LANORE

CLAIRE BUREL
HO'
oponopono
vivant
ÉCLAIRER NOS ÉMOTIONS AU QUOTIDIEN
LANORE

CLAIRE BUREL
LE PETIT LIVRE
QUI CHANGE LA VIE... EN MIEUX !
PRÉFACE DU DR. TAL SCHALLER
le poche
LANORE

Achevé d'imprimer en avril 2023
sur les presses de la Nouvelle Imprimerie Laballery
58500 Clamecy
Dépôt légal : avril 2023
Numéro d'impression : 303798

Imprimé en France

La Nouvelle Imprimerie Laballery est titulaire de la marque Imprim'Vert®